ullstein

TORSTEN STRÄTER zählt zu den beliebtesten Komikern und Kabarettisten des Landes und gilt als Meister satirischer Kurzgeschichten, die sich vor allem dadurch auszeichnen, dass sie die Form des unterhaltsamen Abschweifens und Mäanderns zum Kunstprinzip erhoben haben. Neben dem Schreiben dieser Texte war Sträter in den letzten Jahren mit seinen Live-Programmen *Schnee, der auf Ceran fällt* und *Mach mal das große Licht an* deutschlandweit unterwegs. Er trat bei Dieter Nuhrs TV-Satiresendung *Nuhr im Ersten* auf, gewann die erste Staffel von *LOL – Last One Laughing* und produzierte nebenbei die WDR-Sendung STRÄTER. 2021 wurde er mit dem Jonathan-Swift-Preis für Satire ausgezeichnet; 2022 erhielt er, zusammen mit Kurt Krömer, den renommierten Grimme-Preis. Über sich selbst sagt er: »Ich bin jetzt über 50, fühle mich aber gut.«

Von Torsten Sträter sind außerdem in unserem Hause erschienen:

Der David ist dem Goliath sein Tod · Selbstbeherrschung umständehalber abzugeben · Als ich in meinem Alter war · Es ist nie zu spät, unpünktlich zu sein · Sträters Gutenachtgeschichten

TORSTEN
STRÄTER

DU KANNST ALLES LASSEN, DU MUSST ES NUR WOLLEN

Ullstein

Besuchen Sie uns im Internet:
www.ullstein.de

Wir verpflichten uns zu Nachhaltigkeit
- Papiere aus nachhaltiger Waldwirtschaft und anderen kontrollierten Quellen
- ullstein.de/nachhaltigkeit

MIX
Papier | Fördert gute Waldnutzung
FSC® C021394
www.fsc.org

Ungekürzte Ausgabe im Ullstein Taschenbuch
1. Auflage Januar 2024
2. Auflage 2024

Umschlaggestaltung: zero-media.net, München
Titelabbildung: Hans Scherhaufer, Berlin
Lektorat: Oliver Domzalski
Satz: LVD GmbH, Berlin
Gesetzt aus der Quadraat Pro
Druck und Bindearbeiten: ScandBook, Litauen
ISBN 978-3-548-06846-6

Inhalt

Teil 5

Teil 6

Teil 7

Teil 8

Vorwort

Liebe Leserin, lieber Leser, verehrte nicht-binäre Peoples, na?

Ich finde es nahezu mega-schmeichelhaft, dass Sie mein Buch in den Händen halten. Falls Sie Hände haben. Ich habe durchaus schon beobachtet, dass Menschen mit ihren Füßen ein Buch halten. Wenn auch nur auf TikTok. Falls Sie das nicht kennen: TikTok ist das Geräusch, dass Ihre Gehirnzellen machen, wenn diese beim Benutzen der App gegen die Schädeldecke ticken und zu Seife werden. Unglaublich dumme Anwendung. Ich nutze sie täglich. TikTok ist das exakte Gegenteil von Meditation. Nach zwanzig Minuten intensiver Betrachtung weiß man immerhin: Wir sind alle verloren, das aber durchaus verdient. Was wollte ich sagen?

Genau! Dieses Buch hier enthält unter anderem (wie auch die Bücher davor) meiner bescheidenen Ansicht nach das am meisten geglückte Material der letzten drei Jahre.

Ich hatte ja bei dem ganzen Elend der letzten tausend Tage das Glück, weiter Texte schreiben zu können – fürs Fernsehen, für meine Live-Show, für meine geistige Gesundheit ... und einige dieser Texte sind gut genug für ein Buch. Vorsichtshalber weise ich lieber direkt darauf hin, dass die hier vorliegenden Sachen zwischendurch ein bisschen pandemielastig sind. Der Nachteil daran ist, dass wir alle massiv die Schnauze voll von dem Scheiß haben, der Vorteil indes, dass mir da einige gute Geschichten geglückt sind, die so dufte wie konfus ein opulentes Bild der letzten drei Jahre zeichnen.

Sie werden aber auch völlig neue Geschichten entdecken. Und einen Diavortrag.

Was bleibt zu sagen? Ich schulde Ihnen Dank, und zwar aus dem Souterrain des klebrigen Klumpens, den wir Herz nennen – dafür, dass Sie mich und meine Kolleginnen und Kollegen unterstützt haben in den letzten Jahren, dafür, dass ich dann und wann Ihre im besten Fall lachenden Gesichter sehen darf; dafür, dass ich ohne Sie nicht der wäre, der ich bin.

Danke.

(Hier könnte man jetzt so einen verästelten Dekor-Balken hinmachen, um das Ganze grafisch abzubinden, stilistisch so ein bisschen wie eine weinrebenhafte *Downton-Abbey*-Fußleiste, einfach, um den warmen Charakter dieses Vorworts buchstäblich zu unterstreichen, aber dafür hab ich das Manuskript zu spät abgegeben, und bevor jetzt einer vom Verlag mit wehenden Hosenbeinen losrennt, um ein passendes Clipart zu kaufen, sage ich: Lass ab. Es muss auch mal so gehen.)

Ihr
Torsten Sträter

Teil 1

Stories

Versicherung

Diese Geschichte hat den besten letzten Satz überhaupt. Ernsthaft. Er lautet: »Eine Woche später war das Geld auf dem Konto.«

Juni 2019

Ich sitze in meinem Arbeitszimmer und schwitze mich kaputt. Draußen sind 40 Grad, im Raum 50, Wärmeisolierung funktioniert also. Der Klimawandel, so viel sei gespoilert, existiert. Weil es so unmenschlich warm ist, tue ich Dinge, die mich nicht so anstrengen. Und Dinge, die mal nötig sind.

Ich bin vor einiger Zeit dazu übergegangen, wichtige Unterlagen mit einer App einzuscannen, damit mir nicht das Übliche passiert. Das Übliche ist, dass ich Papier-Belege wie Rechnungen, Tankquittungen, alarmierende Bescheide oder hyperwichtigen Kram wie Versicherungsunterlagen sehr sanft mit spitzen Fingern, behutsam wie ein Chirurg, an den Kanten greife, sauber aufeinander- und dann ablege, zum Beispiel kurz und übergangsweise auf den Rücksitz meines Wagens, um mich dann für einen Moment abzuwenden.

Nun spulen wir behutsam vor.

Mein Steuerberater ruft an und teilt mir mit, dass er gerne mal einige Unterlagen beim Finanzamt einreichen wollen würde. Denn das sei im Prinzip eine seiner Aufgaben, und wie es denn mit Belegen aussehe. Und überhaupt könne ich das mal häufiger tun. Belege kämen derart selten, oft nicht einmal aus demselben Jahr oder dem davor, und er habe keinen Bock mehr, dem Finanzamt mit Wachswappen versehene Rechnungen über eine Meerschaumpfeife und mehrere Monokel einzureichen.

Ich sage: »Sicher«, lege auf und gehe zum Auto.

Die Belege sind noch immer auf dem Rücksitz, haben aber eine beunruhigende Metamorphose durchgemacht. Klar, sie waren ja mit mir auf Tour, und dementsprechend sehen sie auch aus.

Ein Menschenjahr sind sieben Belegjahre, und der Stapel Unterlagen klumpt subtil und sieht nun eher aus wie der vollgeschmierte Volleyball, den Tom Hanks in diesem Inselfilm volllabert. Und überhaupt ist der Rücksitz voller Zwiebeln.

Stimmt, entsinne ich mich, ich hatte versucht, auf der Autobahn während rasender Fahrt eine Gyros Pita zu verzehren, irgendwann das Fenster heruntergefahren und festgestellt, dass massive Luftverwirbelungen durchaus in der Lage sind, dir in der Karre aus der Hüfte ein Pfund Gemüse umzusiedeln. Also hatte ich vorne keine Zwiebeln mehr. Und hinten war keiner.

Es waren viele Ereignisse wie diese, die zum Zustand der Papiere führten. Das würde wieder übel werden, dachte ich beim Anblick der Unterlagen. Ich pfriemelte das Papier auseinander. Da! Eine Rechnung über Putzmittel. Vom Schlecker in Castrop. Das ganze Papier erinnerte vage an Teile einer derbe antiken Schatzkarte. Die würde mein Steuerberater nur einreichen können, wenn er dabei einen Papagei auf der Schulter hätte. Ganz übel. Bitter.

Deswegen scanne ich jetzt alle Unterlagen.

Und während ich da so in meinem eigenen Saft im Arbeitszimmer hocke und meine Belege, Rechnungen und Versicherungsunterlagen scanne, fällt mir was auf.

Ich bin einer von vielen, die ein bisschen überversichert sind. Das ist völlig normal. Es gibt einem einfach ein gutes Gefühl, abgesichert zu sein.

Es gibt zum Beispiel eine spezielle Versicherung für Wintergärten, weil die ja zu 90 Prozent aus Glas bestehen, und da ist ruckzuck was passiert, ganze Elemente müssen ausgetauscht werden, es regnet rein, und meine Wintergarten-Versicherung ist da top, lückenlos, da ist jede Schraube bis zum Exzess durchversichert, auf Anraten meines Versicherungsagenten ohne Selbstbeteiligung, bisschen teurer, aber dafür null Sorgen. Sofort gemacht.

Dann bin ich nach Hause gegangen und habe gesehen: Ich habe gar keinen Wintergarten.

Das ist eigentlich auch ziemlich schlau, denn wenige Zentimeter hinter dem Fenster zum Blumenbeet kommt sofort die Garage. Wenn man da einen Wintergarten zwischenkloppt, könnten den nur sehr flache Leute nutzen. Und diese Leute wären zu selten zu Hause, um den Wintergarten auszunutzen, weil sie mit einem bizarren Wanderzirkus auf Tour wären, um sich unter dem Motto »Durch Bernd kann man durchgucken« auf irgendwelchen mit Heu bestreuten Bühnen zu exponieren. Egal jetzt. Denn was ich erzählen wollte: Ich stelle bei Durchsicht der Scans fest, dass ich nicht nur eine, sondern zwei Rechtsschutzversicherungen besitze. Zwei. Einmal eine seit vier Jahren bei einem Versicherer mit H am Anfang, und noch eine etwas frischere bei einem mit P. Beide natürlich nicht beim Steuerberater eingereicht. Wie blöd kann man sein?

Ich rufe die erste an. Warteschleifenmusik.

Eine Dame hebt ab.

»Tag, Sträter, ich habe eine Versicherung bei Ihnen. Rechtsschutz.«

»Schön. Geben Sie mir die Nummer der Police?«

Warum, frage ich mich, heißt das so? Police ist 'ne britische Band, da hat Sting gesungen, wie kommen die auf die Bezeichnung? Echt jetzt!

»Warum heißt es eigentlich Police?«, frage ich.

»Wie meinen Sie das?«, fragt die Dame am Telefon.

»Na Police! Wie die Band.«

»Welche Band?«

»Wie welche Band? POLICE!«

»Sagt mir nichts.«

»Was hören Sie denn für Musik?«, frage ich.

Ich spüre geradezu, wie die Dame kurz überlegt, ob ihr diese Frage zu persönlich ist. Dann antwortet sie kühl: »Ach, eigentlich alles.«

»Wirklich?«, sage ich.

»Ja.«

»Auch Zwölftonmusik von Arnold Schönberg?«

»Nein.«

»Die Kopulationstrommeln der Tellerlippen-Krieger?«

»Nein.«

»Bad Boys Blue?«

»Nein.«

»Ding, Dong, die Hex ist tot?«

»Nein.«

»Ulf Barkasch und das Szegediner Nasenflötenorchester?«

»Nein.«

»Die Kassierer? Kiss? Den Soundtrack von *Sie nannten ihn Mücke?*«

»Würden Sie mir jetzt die Nummer Ihrer Police geben?«

Ich seufze, dann gebe ich die Nummer durch.

»Ja«, sagte die Dame. »Rechtsschutz. Keine Selbstbeteiligung. Und was wollen Sie wissen?«

»Kann ich die kündigen?«

»Natürlich.«

»Sofort?«

»Nein«, erwidert die Dame.

»Ich hab die nämlich noch nie in Anspruch genommen.«

»Das ist gut«, sagt die Dame.

»Für wen?«, frage ich.

»Nun, Sie hatten immerhin keinen Rechtsstreit.«

»Gut, dann will ich die jetzt kündigen.«

»Das geht nur schriftlich. Per Einschreiben mit Rückantwortschein.«

»Einfacher geht's nicht?«

»Das ist einfach. Nur ein formloses Anschreiben.«

»Formlos?«

»Ja.«

»Also einfach: Hey, löscht mich, Ihr Heiopeis, Grüße, der Meister.«

»Etwas förmlicher.« Sie klingt nun genervt.

»Hochverehrte Heiopeis, löscht die Scheiße?«

»Kann ich noch was für Sie tun?«, fragt sie.

»Nein – ich schick Ihnen das.«

»Per Einschreiben mit Rückantwortschein.«

»Nicht per *Message in a bottle?*«

»Bitte?«

»Das ist ein Song von Police.«

»Wem?«

»Police.«

»Hätten Sie die Nummer?«

»WAS?«

Ich lege auf.

Versuche es beim anderen Versicherer. Identisches Ergebnis. Schriftlich kündigen, Versicherung nie in Anspruch genommen, was ein Käse.

Ich bin ziemlich sauer, vor allem, weil ich doppelt im Rechtsschutz bin und nie was davon hatte. Und dieser Kack-Spruch: »Ach, ich hör eigentlich alles.« Wer so was sagt, will doch verarscht werden. Aber im Moment bin eher ich hier der Blöde.

Am Abend sitze ich vor der Glotze und schaue eine Serie über lateinamerikanische Rauschmittel-Logistik namens *Narcos*. Im Verlauf der sattsam untertitelten Folge sehe ich eine Szene, die in einen Hahnenkampf mündet. Was ist das denn für eine Kack-Idee? Wem haben denn Hähne was getan? Die machen ja auch wenig mehr als buchstäblich vögeln, breitbeinig den Hermann machend durch Scheiße stapfen und einem zu unmöglichen Zeiten das Gelände zusammenschreien. Aber ich mag Hähne. Die ziehen ihr ziemlich überschaubares Ding durch. Und sehen aus wie Karnevalsprinzen mit sehr dünnen Füßen. Welcher Blödmann lässt Hähne gegeneinander antreten?

Moment, denke ich! Mir kommt eine Idee.

Am nächsten Tag suche ich meinen Anwalt auf. Er sackt in sich zusammen, als ich die Kanzlei betrete. Aber er ist Kummer gewohnt. »Was kann ich heute für Sie tun?«

Er vertritt mich noch in einer anderen Sache. Ich bin vor zwei Jahren geblitzt worden. Ich war etwas hektisch auf einer

Landstraße unterwegs. Das Lichtbild war sehr deutlich, man erkannte jede Pore in meinem Gesicht, aber ich stritt rundheraus ab, der Mann hinterm Steuer zu sein. Ich erklärte schriftlich, der Mann auf dem Foto sei Markus Krebs. Das hätte auch funktioniert, aber Markus Krebs war zu der Zeit in Duisburg, wurde in eine Klopperei verwickelt und sagte bei seiner Verhaftung aus, er sei Torsten Sträter. Dann erfuhr er, dass ich ihn wegen des Verkehrsdelikts beschuldigt hatte, fuhr wütend zu mir und wurde dabei geblitzt. Verfahren läuft. Es ist kompliziert.

»Morgen«, sage ich.

»Ja«, sagt mein Anwalt. »Was also kann ich heute für Sie tun?«

»Hier.« Ich reiche ihm Dokumente. Dann reden wir.

Er sichtet die Unterlagen sehr genau, hört sich meine Klagen an und fasst dann zusammen:

»Sie möchten, wenn ich das korrekt verstehe, dass ich Ihre eine Rechtsschutzversicherung benutze, um die andere Rechtsschutzversicherung zu verklagen?«

»Oder andersrum«, sage ich. »Ich zahl ja beide.«

»Das geht nicht.«

»Warum nicht?«

»Keine Aussicht auf Erfolg.«

»Aber die eine Versicherung hat mich eiskalt belogen.«

»Inwiefern?«

»Die Frau am Telefon hat behauptet, sie höre eigentlich alles, also jede erdenkliche Form von Musik, und das stimmt so nicht.«

Eine Pause entsteht.

»Ich möchte«, sage ich noch mal, »dass Sie Klage erheben. Seelische Grausamkeit. Wenn ich belogen werden will, dann nicht von meiner Versicherung, da frag ich VW.«

»Herr Sträter ...«

»Lass sie kämpfen«, sage ich.

»Was?«

»Lass sie kämpfen.«

Sechs Wochen später. Um 9:30 Uhr findet die Verhandlung statt.

Dem Prozess ist eine Flut irritierender Schreiben vorangegangen. Die eine Versicherung wollte die Kosten nicht dafür übernehmen, die andere Versicherung zu verklagen, und diese wollte nicht zahlen, wenn sie selbst verklagt werde, also habe ich eine dritte Rechtsschutzversicherung abgeschlossen. Ab da wurde es unübersichtlich. Eine der Versicherungen hat mich verklagt, und nicht mal mein Anwalt ist sich zu hundert Prozent sicher, worum es beim Gerichtstermin konkret geht.

Zimmer 12 des Amtsgerichts ist voller Leute. Mehrere Anwälte, Menschen auf den Zuschauersitzen. Der Richter wirkt zudem seltsam erbost.

Wir erheben uns. Der Richter fragt mich rundheraus: »Herr Sträter, Sie treiben hier ohne erkennbaren Grund Schindluder mit der deutschen Justiz. Möchten Sie sich dazu äußern?«

Ich nicke. »Ja, danke, Hochwürden.«

»Herr Richter«, sagt der Richter.

»Wer?«, sage ich.

»Ich«, sagt der Richter. »Sprechen Sie mich bitte mit Herr Richter an.«

»Zu Befehl. Herr Richter, ich beginne nun.«

Der Richter blickt mich starr an. Mein Anwalt wird fahl.

»War es nicht«, beginne ich, »Friedrich Dürrenmatt, der

sagte: Die Gerechtigkeit wohnt in einer Etage, zu der die Justiz keinen Zugang hat?«

Mein Anwalt schließt die Augen.

»Herr Sträter …«, sagt der Richter.

»Okay«, erwidere ich. »Einspruch stattgegeben! Anders: Ist es statthaft, einen Mann mit zwei Rechtsschutzversicherungen übers Ohr zu hauen, wenn man diese nicht einmal benutzen darf, um beide Versicherungen, die man ja quasi angeheuert hat, wie ein Pokémon-Trainer gegeneinander antreten zu lassen?«

»Mir reicht es gleich hier«, sagt der Richter.

»Gut, streichen Sie das aus dem Protokoll«, erwidere ich. »Ich frage anders: Wie viel muss ein unbescholtener Bürger hinnehmen, und ich richte diese Frage jetzt direkt an die Geschworenen, wie viel muss er hinnehmen, bis ihm der Kragen platzt?«

Ich blicke scharf in den Raum. »Wie viel, bis dieser Mann durchdreht und etwas Dummes tut?«

»Hier sind keine Geschworenen«, sagt der Richter.

Ich weise in den Zuschauerraum. »Diese Männer und Frauen, Herr Richter, erkennen die Wahrheit.«

»Diese Männer und Frauen«, sagt der Richter, »sind von der *Westfälischen Rundschau.*«

Einer der Männer im Publikum nickt. Ich stürme auf ihn zu. »Sie«, sage ich, »Sie können die Wahrheit doch gar nicht ertragen!«

»Herr Sträter«, sagt der Richter.

Ich winke zornig ab und sage: »Ich rufe STING in den Zeugenstand!«

Ich höre einen Hammer auf Holz krachen.

»Das ist eine Farce hier! Gut!«

Ich wirble herum. »Gut – schön. Bitte. Ich habe das hier getan, damit Sie sich in der Sicherheit Ihres Heiabettchens wiegen können, aber das sagen Sie nicht auf Partys, dass, wenn ich den Kampf gegen die Versicherungs-Titanen aufnehme, Sie ebenfalls daran partizipieren! Ich habe den CODE RED befohlen! ICH WAR ES!«

10:40 Uhr. Die Verhandlung ist geschlossen. Dem Vernehmen nach bekommen ab sofort mehrere Leute Geld von mir. Anwälte, meine und die diverser Gegenparteien, dann noch die Staatskasse.

Ich brauche Kohle. Rufe den Steuerberater an.

»Hallo«, sage ich, »ich habe gerade einen kleinen Engpass. Belege haben Sie ja – wie sieht's denn da mit 'ner Steuerrückerstattung aus?«

»Gut, dass ich Sie dran habe«, sagt der Steuerberater. »Die Belege sind auch digital kaum zu entziffern. Aber einen Beleg kann ich gar nicht lesen. Könnten Sie das mal bei sich kontrollieren?«

»Ich rufe zurück«, sage ich, lege auf, sichte meine Unterlagen und finde ziemlich schnell die eine Datei, von der ich denke, dass sie gemeint ist. Ich kann ihr ebenfalls keine relevanten Abrechnungsdaten entnehmen, denn ich habe eine Scheibe Serrano-Schinken gescannt. Ich muss jetzt echt mal den Wagen aufräumen. Und ich brauche Geld. Habe aber schon eine Idee.

Am nächsten Morgen

Mein Versicherungsagent kocht mir einen Kaffee, lächelt, setzt sich und sagt dann: »Was kann ich heute für Sie tun?«

Ich nehme einen Schluck Kaffee und lächle zurück.

»Ich hab da ein Problem.«

»Was denn?«

»Vorneweg, ich bin doch gegen alles versichert, oder?«, frage ich.

»Gewiss, Herr Sträter – wo drückt denn der Schuh?«

»Mir ist der Wintergarten gestohlen worden.«

Eine Woche später war das Geld auf dem Konto.

Zucker

Ich bin süchtig. Und zwar nach einer der gefährlichsten Substanzen überhaupt: Zucker. Billig, fast überall drin, völlig unnötig, dabei schädlich, nährstofffrei und hochgradig süchtig machend. Übel bis ins Mark. Zucker ist quasi der Hitler unter den Lebensmitteln. Auf dem Weltmarkt kostet eine Tonne Zucker ca. 600 Euro.

Ich bin schon als Kind auf Zucker hängen geblieben. Damals wurden wir für kleinere Botengänge mit gemischten Tüten entlohnt. Auch war es gang und gäbe, dass einem der Oppa aus dem Nachbarhaus in die Sucht verhalf: Mitunter winkte er mit gichtgekrümmter Hand nach uns, und wenn wir Kinder uns dann um ihn versammelt hatten, begann er ausufernde Geschichten über Entbehrung zu erzählen, merkte zwischendurch an, dass er, Zitat, »seit 1942 hier wohne, 20 Pfennig Kaltmiete waren dat damals, ein Bollerofen pro Etage, eine Steckdose für alle auf dem Gang, Gemeinschaftsklo stand in Bottrop, dat war 'ne Rennerei damals, alles zu Fuß, aber dat kennt ihr Blagen gar nicht mehr« – und wenn man einen dieser Vorträge verfolgte, ohne etwas hineinzurufen wie »Worum geht's konkret?«, dann fuhr die Hand des alten Mannes irgendwann in seine Tasche und förderte den Stoff zutage, nach dem wir alle gierten: Kandis. Das waren fast faustgroße Klumpen reinen Zuckers, die zudem streng nach Kordhose schmeckten, und man konnte tagelang daran herumlutschen. Das waren wir damals: Kinder –, aber Kinder, die sich für Zucker mit ihren Ohren prostituierten. So fing es an. Ich kam nie wieder davon runter. Klar habe ich meine bürgerliche Existenz aufrechterhalten, aber der Zucker hatte mich immer im Griff. Mein ganzes Leben.

Mit Mitte 50 wird mir klar: Ich muss aufhören. Die Welt ist seltsam genug. Nie mehr Zucker. Ich werden einen kalten Entzug machen. Buche mich dafür in Köln im Hotel *Savoy* ein. Drei Nächte. Ich werde schreiben und auf Zucker verzichten, und dann werde ich als freier Mann aus dem Hotel treten.

17:00 Uhr

Komme am *Savoy* in Köln an. Sie haben einen Valet-Parkservice, bringen dir also dein Auto weg und holen es wieder, wenn du es brauchst.

Sie entladen das Gepäck, bringen es aufs Zimmer, sensationeller Service.

Ich steige aus dem Wagen, gebe dem Mitarbeiter meinen Wagenschlüssel und sage: »Das ist meine Kreditkarte für die Rezeption. Und wenn Sie hier am Schlüssel zweimal drücken, geht hinten der Kofferraum auf.«

Das sind Monologe, die man selten hält, aber das *Savoy* ist auch ein besonderes Hotel. Die kümmern sich um alles.

17:04 Uhr

Ich gehe rein. Der zuständige Desk-Manager weist mich darauf hin, dass mir, wie angewiesen, die Schokolade vom Kopfkissen entfernt und vernichtet wurde. »Vernichten wäre jetzt nicht nötig gewesen«, sage ich. »Doch«, sagt der Manager. »Wir haben sie verbrannt.« Er lächelt. Ich erhalte meinen Zimmerschlüssel.

17:10 Uhr

Bin im Zimmer. In der Obstschale liegt Staudensellerie. Kein Obst weit und breit. Die machen keine halben Sachen hier.

Gut, alles klar, denke ich. Ich gehe in den Schlafraum. Tatsache: Keine Schokolade auf dem Kopfkissen. Minibar enthält stilles Wasser. Sonst nix. »Prima«, sage ich laut in die leere Suite. »PRIMA, PRIMA.«

18:00 Uhr

Ich baue meinen Laptop auf. Zeit, eine Geschichte zu schreiben. Ich hab ja bald Vorpremieren. Vielleicht was über die Klimakrise, die ja gar keine Klimakrise ist, sondern eine Menschenkrise; dem Klima kann ja völlig latte sein, ob es immer wärmer wird, das Klima ist immer das Klima, und in seiner Eigenschaft als Klima ist es da ziemlich genügsam; Artensterben, Polkappen schmelzen, Steigen des Meeresspiegels, alles im Geld mit drin, denn schuld werden wir sein, die Krone des Planeten, und das ist ja auch Wunder genug. Als ob wir die Krone der Schöpfung sind!

Delfine sind schlauer, Erdmännchen sehen besser aus, Biber konstruieren Dämme ohne Studium, Ameisen kriegen ohne große Fragen die Leistungsgesellschaft hin, Kängurus schleppen ihre Jungen nicht in vegane Kitas, und der nächste Präsident mit orangefarbenen Haaren kommt aus Borneo und hat lange Arme. All das schreibe ich, und die Zeit verfliegt, und dann durchfährt mich ein Ruck. Mein Gesicht fühlt sich feucht an. Blicke auf die Uhr. 20:40 Uhr? Ich fasse mir an den Mund. Sabber. Er tropft mir aufs Hemd.

Ich überfliege kurz den Klima-Text. Auf dem Bildschirm steht etwa viertausend mal KUCHEN KUCHEN KUCHEN KUCHEN KUCHEN KUCHEN KUCHEN KUCHEN KUCHEN

KUCHEN KUCHEN KUCHEN KUCHEN KUCHEN KUCHEN KUCHEN KUCHEN KUCHEN KUCHEN KUCHEN. Ich klappe den Laptop zu.

20:45 Uhr

Gehe zum Wasserhahn und trinke vier Gläser Wasser. Wasser ist ja mal das unspektakulärste Getränk der Welt. Das sieht man in der Sahelzone einen Tacken differenzierter, nehme ich an, aber ich fühle mich durch den Mangel an Geschmack provoziert. Check ich nicht. Die Natur kann so krasse Sachen. Iss mal 'ne Kirsche. Da schmeckt eine einzelne Kirsche DERMASSEN nach Kirsche, dass man sich fast verarscht vorkommt, und auf der anderen Seite dann: Wasser. Was soll das? Wie ist die Natur drauf? Völlig unausgewogen. Genau wie bei den Tieren: links 'n Babypudel, rechts 'n Schakal mit Furunkel am Arsch. Kein Konzept am Start, die Natur. Ist auch egal, denke ich. Muss mich 'n bisschen bewegen.

21:00 Uhr

Gehe ins Schlafzimmer. Keine Schokolade auf dem Kopfkissen. Komisch. Gut. Ich gehe auf den Balkon, eine rauchen. Zigaretten schmecken auch nach nix. Auch 'ne dumme Sucht. Habe ein bisschen Hunger. Also nicht dramatisch. So'n Hüngerchen. Ich frag mal an der Bar nach 'nem Snack.

21:06 Uhr

Die Bar ist geschlossen. Hm. Draußen sind alle Geschäfte zu. Kein Problem. Ich hab ja noch was zu schreiben oben. Also was anderes.

Als ich aus dem Fahrstuhl trete, treffe ich einen Herrn im

Gang. »N'abend«, sage ich. Er nickt. Geht vorbei. »Warten Sie bitte einen Moment«, sage ich. Der Mann bleibt stehen.

»Welche Zimmernummer haben Sie?«

»Warum?«, fragt der Mann.

»Ich bin«, sage ich, »... äh ... vom Zufriedenheitsmanagement des Hotels und würde Sie gern befragen.«

»Aha«, sagt der Mann. »Warum tun Sie das nicht tagsüber?«

»Das ist eine unangekündigte Stichproben-Befragung«, sage ich.

»Was meinen Sie damit?«

»Das darf ich nicht sagen. Die Befragung ist geheim.«

»Die Fragen auch?«

»Nein, die Fragen sind gut zu hören, aber Sie werden anschließend anonymisiert, indem ich Ihr Gesicht vergesse.«

»Worum geht es genau?« Der Mann wirkt leicht verunsichert.

»Nun, Frage eins: Sind Sie mit dem Zimmer zufrieden?«

»Ja, nun ...«, sagt der Mann. »Man könnte durchaus ...«

»Verstehe«, unterbreche ich. »Frage zwei. Könnte ich in Ihrem Zimmer mal das Kopfkissen sehen?«

»Warum?«

»Im Zuge der Kundenbindung haben wir uns ja nun schon vor geraumer Zeit strategisch dahingehend ausgerichtet, dass wir Ihnen und anderen VIPs Ihres Schlages erlesene Schokoladenspezialitäten auf dem Kopfkissen drapieren.«

»Ja, und?«

»Nun – wir sind vor etwa sechs Monaten einem Betrug aufgesessen. Unser belgischer Zulieferer für Schokolade wurde über Monate von den Kakao-Triaden erpresst. Sie wissen schon. Das goldene Dreieck, gefährliche Leute. Sie haben verlangt, dass er die zu 98 Prozent reine Hotel-Schokolade verschneidet, und vom Gewinn müsse er 50 Prozent abdrücken, sonst wäre ganz schnell Hängen im Schacht, das würde nicht gut ausgehen, und das sind skrupellose Kreaturen, die unterwandern das ganze Schokoladen-Business, auch auf industrieller Ebene, die haben einen Hersteller von Schokolade gezwungen, auf die Schokoladenpackung das Wort SPORT zu drucken, damit der Konsument denkt, er tut was für seinen Körper, solche Leute sind das. Sie verstehen. Und genau eine solch verschnittene Schokolade befindet sich jetzt in diesem Moment auf Ihrem Kopfkissen. Holen Sie die bitte sofort. Da ist Babypuder drin, Fußnägel, Hamsterkot, unaussprechliche Dinge. Machen Sie schon. Die Hotel-Branche steht am Abgrund. Begreifen Sie das? Chocolate has fallen! Los! Holen Sie sie!«

»Die hab ich schon gegessen«, sagt der Mann. »Schmeckte eigentlich okay.«

Meine Stimme klingt viel wütender, als sie sollte: »Nun, möge die Hand von Jesus unserem Herrn über Sie wachen. Auf dass Ihre Gier Sie nicht richte, mein Freund, verdammte Scheiße auch!«

Mir wird übel.

»Alles okay mit Ihnen? Sie sind total blass!«

»Alles cool«, sage ich und werde ohnmächtig.

Ich träume, ich fahre auf einem Dreirad die Hotelflure ab. Sie sind kilometerlang, ich fahre und fahre, an endlosen Hoteltüren vorbei, die Wimpel am Lenker wehen im Fahrtwind. Ich biege um eine Kurve, bremse.

Vor mir im Gang stehen zwei Mädchen. Sie halten sich an den Händen und sehen exakt identisch aus.

»Iss keinen Zucker«, sagen sie wie mit einer Stimme. »Du wirst zu fett. Es ist nicht gut für dich. Iss keinen Zucker! Du wirst krank und dann sterben! Sterben! Sterben!«

»Wer seid ihr?«, brülle ich über den Lenker des Dreirads hinweg. Ich habe Angst.

»Die Ratiopharm-Zwillinge!«

Jetzt ist auch mal gut, denke ich und erwache.

23:17 Uhr

Ich liege im Flur. Reibe mein Gesicht. Was für ein Höllentrip! Ich bin allein. Der Mann ist weg. An der Wand steht ein Wort, das ich nicht verstehe: SREKCINS!

Ich verlasse eilig den Flur. Gehe in mein Zimmer. Die Wände sind voll von dem Wort. SREKCINS! SREKCINS! Überall.

Ich gehe stöhnend ins Bad. Mein Herz pocht. Ich wasche mein Gesicht. Das Wort steht hinter mir an der Wand. SREKCINS! Durch den Spiegel sehe ich es richtig herum:

SNICKERS!

Ich wache erneut auf! ALTER! WOW! Was war das denn? Ich war die ganze Zeit in meinem Zimmer. Wahrscheinlich unterzuckert weggesackt.

Alles gut. Keine Worte an der Wand. Keine Zwillinge. Ich bin stabil.

Puh! Ich schalte den Fernseher ein. In der ARD läuft *Searching for Sugarman*. Ich schalte um.

RTL: »... und nun Ben Zucker mit seinem Song ...« Ich schalte um.

ARTE: »Vor sechs Jahren starb Joe Cocker. Ein großer Sänger, aber motorisch sehr ruckartig, man könnte sagen, er war ein regelrechter ...«

»Sag nicht das Wort!«, brülle ich, dann wird mir wieder übel.

03:12 Uhr

Als ich erwache, ist der Hotelflur voller Menschen. Sie sind teilweise unbekleidet, knien am Boden und haben die Hände im Nacken verschränkt. Hubschrauber umkreisen das Hotel. Ich stehe da, halte den mit einem Handtuch bedeckten Staudensellerie und brülle: »ICH HABE EINE WAFFE! SAGT DEN BULLEN, ICH VERLANGE EINEN EISWAGEN ALS FLUCHTFAHRZEUG; EINE AUFGETANKTE MASCHINE UND NEUN PACKUNGEN SUPERDICKMANNS! NICHT DIE KLEINEN, UND NICHT DIE MIT ZARTBITTER! DAS IST KEIN SPASS!«

Ich erwache erneut. MEINE FRESSE.

Früher Morgen

Das war's. So geht's nicht weiter. Ich dusche, packe, verlasse das Hotel.

Der Nachtportier sagt: »Sie reisen ab, Herr Sträter?«

»Nein, ich möchte meinem Gepäck die nähere Umgebung zeigen.«

»Wirklich?«

»Nein. Ich reise ab. Mir ist nicht recht wohl.«

Der Nachtportier lässt meinen Wagen holen. Fünf Minuten später bin ich auf der Autobahn.

Beim ersten *Tank & Rast* fahre ich ab.

Der Mann in der Tankstelle sieht mich im Wagen sitzen. Ich winke ihm. Er kommt raus.

»Haben Sie 'n Notfall?«

»Allerdings. Führen Sie Süßigkeiten?«

»Ja, sicher. Ich hab fünf Regale voll.«

»Gut. Hier ist meine Kreditkarte.«

»Und weiter?«

»Wenn ich an meinem Autoschlüssel zweimal diesen Knopf drücke, geht hinten der Kofferraum auf. Wir verstehen uns?«

Er nickt.

Wie gesagt: Auf dem Weltmarkt kostet eine Tonne Zucker ca. 600 Euro.

In Leverkusen auch.

Fitness

Ich gehe jetzt wieder ins Fitnessstudio. Ohne irgendwas zu bezwecken. Ich will mich nur bewegen. Ich liebe die Idee dieser Mucki-Buden einfach. Die meisten Menschen sind wie ich: Wenn mich einer anruft und fragt, ob ich ihm Samstag beim Umzug helfen könne, es sei auch nicht viel, einfach nur Sprinter ausladen und dann seine Sammlung seltener Nähmaschinen in den vierten Stock, dauert maximal so sieben, acht Stunden, aber dafür habe er zur Stärkung acht Packungen unter Plastikfolie gasende Industriefrikadellen, dann höre ich mir diese Anfrage still an, nicke sachte und erwidere dann: »Du kannst mich mal am Arsch lecken, Sportsfreund.«

Aber wenn ich andererseits die Gelegenheit habe, im Studio schwere Stangen oder Eisengelumpe immer wieder sinnlos in ein untätiges Nichts und wieder zurückzustemmen, also absolut hirnverbrannt Maschinen zu bewegen, ohne dass irgendwas produziert, verrückt oder wenigstens gestempelt wird, nur so aus Luftverdrängungsgründen – dann bin ich dabei. Ich hinterfrage das nicht mehr. Und oft ist es das Sinnstiftendste eines Tages, wenn ich zehn Minuten wie ein Brathähnchen in der Beinpresse gehockt habe. Das Studio ist zudem wie ich: Es macht instinktiv die meisten Sachen falsch, meint es aber nicht böse. Schon die Anmeldung mit meinem Freund Olli war ein reines Vergnügen.

1.

Wir trafen uns auf dem Parkplatz. Im selben Gebäude wie die Muckibude befindet sich noch ein Küchenstudio mit Ausstellungsräumen und Verkauf. Olli und ich traten durch die Glastür von FIT-KLABUMM und stellten fest, dass das Studio im ersten Stock des Gebäudes liegt. Da waren Treppen.

»Ja, dann nicht«, sage ich. »Ich hab's versucht.«

»Die paar Stufen«, meint Olli.

»Das summiert sich«, sage ich.

»Du bist eine faule Sau«, sagt Olli.

»Das hat damit nichts zu tun. Man geht hier hin, um seinen Körper zu kräftigen. Für Geld. Wieso werde ich vorher von diesem Konstrukt verhöhnt?«

»Treppe«, sagt Olli. »Das ist 'ne Treppe.«

»Olli, das ist, als müsste ich zu Fuß übers Rollfeld, um in den Flieger zu kommen. Als müsste ich mich auf dem Krankenhaus-Gang mit nacktem Arsch selbst betäuben, bevor ich dann in den OP krabble. Es ist, als müsste ich über eine Mauer klettern, um in mein eigenes Haus zu kommen.«

»Torsten«, sagt Olli. »Keiner, ich hab's eben durchgerechnet, wirklich keiner dieser Vergleiche ergibt auch nur den geringsten Sinn.«

Ich zünde die nächste Argumentationsstufe. Ich sage: »Doch.«

»Ich geh jetzt rauf«, sagt Olli. Dann geht er rauf. Wir machen den Aufstieg gemeinsam. Ich sichere Olli von hinten, falls ihn eine Böe aus der Wand holt, aber er tritt stabil auf. Dann sind wir oben.

Dort händigt uns eine junge Dame die Preisliste aus. Bei einem Jahr Laufzeit kostet die Woche 7,99 Euro, Getränke inklusive, aber ohne Kurse wie Zumba, Mango, Mumbo, Ferengi und Schumpo, aber mit Boxen, das aber nur mittwochs. Ohne feste Laufzeit beläuft sich der Vertrag auf neun Euro die Woche, ohne Boxen, mit Getränken, aber ohne

Kurse außer irgendwas mit Gelenkigkeit, und bei 24 Monaten Laufzeit gibt's für neun Euro die Woche alle Kurse inklusive Tai-Chi, Hacka Hacka Wigwag und Salazars Rache, Getränke, die Kaffee-Flatrate, Boxen am Mittwoch und 'ne Trinkflasche mit Meerschweinchen-Nuckelstutzen on top. Treppe ist überall mit drin.

»Eine Frage noch«, sage ich zu der jungen Frau hinterm Tresen, »ich komm beruflich viel rum – kann ich als Mitglied alle Studios in Deutschland mitbenutzen?«

»Natürlich«, sagt sie.

»Wie viele Studios gibt's noch?«

»Wir haben noch eins. In Ahlen«, sagt sie.

»In Ahlen«, sag ich.

»In Ahlen«, wiederholt sie.

Ahlen. Das Schmuckstück im Münsterland. Knapp 50.000 Einwohner, in der Nähe ist aus irgendeinem Grund Warendorf, das Stadtwappen zeigt, und ich denke mir das nicht aus, einen geflügelten Aal, und 1605 gab es einen juristisch nicht ganz lupenreinen Prozess, bei dem ein Dorfbewohner angeklagt wurde, ein Werwolf zu sein, was er auch unter Folter schlecht entkräften konnte, aber dafür kommt man über die A2 gut hin. Nach Ahlen jetzt. Den Prozess haben Sie verpasst. Ahlen.

Super. Falls mir hier in meinem Kaff mal richtig böse die Decke auf den Kopf fällt, kann ich jederzeit die sechzig Kilometer nach Ahlen rübersausen, Ahlen, eine Gemeinde wie ein Schonbezug, und da mal richtig schön Eisen pumpen, aus dem Fenster sehen und denken: Na kuck, was das denn?

Oder ich hör auf mit dem Komiker-Dasein und verdinge mich als Handlungsreisender, dann kann ich nach Ahlen rüber und dann Haustürgeschäfte tätigen, zum Beispiel in

Sachen BIMSSTEIN, denn die hast du fast nie im Haus, und bei meinem verkäuferischen Enthusiasmus errichte ich da ein Bimsstein-Direktvertriebs-Imperium! Ich habe jetzt schon die Strategie im Kopf: Immer lässig ohne Anmeldung bei Anbruch der Nacht siebzig Mal irgendwo klingeln, und wenn dann die Leute alarmiert und zerrüttet öffnen, direkt in die Kaltakquise.

»Tag«, werde ich sagen und mild lächeln. »Mein Name tut nichts zur Sache, denn ob Sie wollen oder nicht: Dieses Leben wird uns über kurz oder lang in die Hände des Herrn wehen, und dann verstummt alle Narretei, all das Getolle um Geld, Ruhm und Selbsterhebung. Der Tod. Barmherziger Schnitter, er mähet uns wie Gras. Aber so weit isses ja noch nicht. Böcke auf Bimsstein?«

Ich werde reich werden durch all die Impulskäufe jener Menschen, die noch im Türrahmen damit beginnen, sich mit meinen High-End-Bimssteinen das Sediment von den Knochen zu hobeln, und ich werde mit Koffern voller Geld zum Auto gehen, ich, der CEO von I-BIMS ENTERPRISES, mühelos, denn ich bin gekräftigt und elastisch, ich war ja vorher *in Ahlen beim Training*, das ist ja im Geld mit drin.

Olli stößt mich an.

»Ich war kurz in Gedanken«, sage ich. »Ich nehme 24 Monate. Mit allem. Muss ich ja nicht alles nutzen.«

Wir machen die Verträge fertig und verabreden uns für den nächsten Tag zum Training.

2.

16:00 Uhr am Folgetag. Der Parkplatz ist rappelvoll. Schwierig. Irgendwann finde ich eine Lücke.

Als ich aussteige, winkt mir ein Mann aus dem Küchenstudio. Er trägt Krawatte zum Kurzarmhemd. Um seinen Hals baumelt im Stil eines Kindergartenbrustbeutels eine Lesebrille an Schnüren.

»Wat is?«, sage ich.

»Sie können da nicht parken.«

»Warum?«

»Das ist der Kundenparkplatz des Küchenstudios.«

»Das spürt der Parkplatz doch gar nicht«, sage ich.

»Wir brauchen den Platz für unsere Kunden.«

»Wer sagt, dass ich kein Kunde bin?«

»Ihre Sporttasche«, sagt der Typ. »Das Frottee-Stirnband. Die Nuckelflasche.«

»Ist ja gut. Was muss ich tun, um hier parken zu können?«

»Na ja, sich beraten lassen wie ein Küchen-Interessent. Der Sie ja nun mal nicht sind.«

»Kokolores«, erwidere ich. »Natürlich wünsche ich eine Beratung.«

Ich gehe rein. Der Küchenmann folgt mir.

»Gut«, sagt der Küchenmann, »was suchen Sie denn?«

Puh, denke ich, wie zieht man so was auf?

»Küche«, sage ich.

»Haben Sie da spezielle Vorstellungen?«

»Gewiss. Hängeschränke, Spülmaschine, Induktionsgedöns.«

»Geht's genauer?«

»Ja, Küche halt.« Ich breite die Arme aus. »So einen richtigen Wämser. Reines Holz.«

»Fronten?«, fragt der Verkäufer.

»Würde ich sagen, sonst starrt man auf die Wand.«

»Was für Fronten, meine ich.«

»Können wir das Gespräch morgen weiterführen?«, frage ich. »Ich bin zum Sport verabredet.«

»Was ist Ihre bevorzugte Farbe?«

»Muss ich jetzt in Ihr Freundebuch schreiben?«

»Wegen der Fronten.«

»Mattschwarz«, sage ich.

»Das wird schwierig«, sagt der Verkäufer.

»Na, dann kommen wir nicht ins Geschäft.«

»Bis morgen mache ich mich schlau«, sagt der Verkäufer.

»Supi«, sage ich. »Tschüss.« Ich gehe zum Sport.

So, Freunde, verschafft man sich einen Parkplatz. Rhetorische Überlegenheit, aber nicht von oben herab. Mensch bleiben.

Das Training ist wie immer: Eine im Prinzip steile These für den ersten Tag, aber Olli und ich geben uns Mühe. Das Fitnessstudio, lerne ich, beherbergt im Prinzip drei Nutzergruppen. Junge Menschen, die so provokant wie mühelos 45 Minuten auf dem Laufband rennen, und ich meine *rennen*, dann die zwanzig Prozent teigiger Schlaffis wie Olli und ich, und dann noch die nach Testo stinkenden Muskelpakete, die fast alle kein Interesse an Beintraining zu haben scheinen, warum auch, man hat ja oft 'ne Hose an, aber dafür schreien sie Motivationsparolen wie die Beschmierten.

Wir schauen uns das zwanzig Minuten an und erkennen das Konzept.

Ich gehe mit Olli an dieses Bizepsding. Wir legen kein Gewicht auf. Es ist auch so schon alles anstrengend genug. Also wuchten wir nun diese Stange, was in etwa so anstrengend ist, wie die Silberfolie vom Nutellaglas zu ziehen, brüllen aber: »KOMM – EINEN NOCH! LOS! KOMM JETZT HIER!«

Olli schreit: »SIR, JA, SIR!«

»JA, MACH WEITER, DU DRECKSAU! LOS, ICH WILL WAS SEHEN!!! PUMP, DU ESEL, EINEN NOCH, DU PILLEMANN.«

Die Testo-Jungs beginnen, uns zu umringen. Sie wirken zornig. Und sie riechen.

Feierabend für heute.

3.

Zwei Tage später. Nächstes Training.

Ich parke. Der Küchenstudiomann winkt. Ach Menno, denke ich.

»Gute Nachrichten«, sagt er, »das mit der Farbe kriegen wir hin.«

»Super«, sage ich, und wende mich zum Gehen.

»Wir sollten dann heute Griffelemente auswählen.«

»Ouh, das ist mal ganz schlecht heute«, erwidere ich.

»Warum?«

»Nun, heute ist Donnerstag. Klar? Klar. Nun, ohne jetzt hier zu weit ausholen zu wollen – mein Großvater war Amish. Sie wissen schon: Er hatte diese ganzheitliche Molkerei in Pennsylvania, 1912 war das, er und meine Grandma Beth, beide waren gottesfürchtig, bis der Arzt kommt, von morgens bis abends in kratziger Wolle unterwegs. Grau, viel beige, ab und zu so ein Ecru, sehr kastige Schnitte, over-sized geradezu, alles sehr, sehr puristisch ... und dieser Lifestyle, den ich im Herzen ebenso pflege wie damals schon GRANDPA HEZEKIEL, diese Lebensart ist einigen unumstößlichen Regeln unterworfen. ERDROSSLE KEINE WASCHBÄREN ZUR SONNENWENDE, zum Beispiel, oder FINGER WEG VON ALLEM, WAS MIT ZWEITAKTER LÄUFT, und ganz wichtig, so wichtig, dass Cousine Robespierre es auf ein Kissen stickte, die eine große Regel: DON'T CHOOSE GRIFF-ELEMENTS ON A THURSDAY.«

»Echt?«, sagt der Küchenmann.

»Gewiss«, sage ich.

»Geht denn Elektrogeräte aussuchen?«

»Ich muss zum Sport«, sage ich.

Der Küchenmann weist stumm auf meinen Küchenstudioparkplatz.

»Ach ja, das kann ich Ihnen auf die Schnelle sagen. Ich brauche viele Kochplatten, am besten einen Mix aus Ceran, Induktion und 800-Grad-Teilchenbeschleuniger, insgesamt so 25 Platten, denn ich brate Frikadellen stets einzeln, alles andere ist gottlose Scheiße, und dann brauche ich eine Dunstabzugshaube in Turbinenqualität, wenn Ihr Verein hier damit nicht überfordert ist. Ich mache nämlich keine halben Sachen.«

Der Küchenmann starrt mich wortlos an. Lange.

Ich klopfe ihm auf die Schulter. »Das wird«, sage ich. Damit ist er erst mal beschäftigt. Dann gehe ich zum Training.

4.

Olli und ich machen heute beim Zumba mit. Das Ganze geht acht Minuten, dann fliegen wir raus.

Vorm Trainingsraum sagt die Trainerin: »Ihr müsst jetzt bitte gehen, für immer. Ich spreche für den ganzen Kurs, wenn ich sage, solche Bewegungen möchten wir nie wieder sehen. Die Britta weint, und die ist in der Notfallseelsorge. Ihr seid hier nicht willkommen.«

»Der Olli wird halt schnell ekstatisch bei so rhythmischer Musik«, sage ich.

»Still«, sagt die Trainerin. »Ich will nichts mehr hören. Geht jetzt, im Namen Jesu!«

Na, dann nicht. Um das jetzt hier trotzdem mal ins rechte Licht zu rücken: Wir haben uns in der Gruppe von acht, neun Damen und Herren ganz normal aufgestellt, und dann kam so coole Bongo-Musik, und wir haben versucht, minimal zeitversetzt die Tanzschritt-Powermoves nachzumachen, und dann haben wir angefangen zu schwitzen, die klatschnassen Stulpen wobbelten uns an den Schienbeinen, wir kamen aus dem Takt, dann hat Olli einen fahren lassen – es klang wie ein wimmerndes Kind, schwer zu beschreiben, er hat dann versucht, es zu überspielen, indem er wie ein Roboter tanzte, und dann wurde ihm klar, mit abgehackten Bewegungen macht er hier keine Punkte – und dann wurd's schlimm, finde sogar ich, rückblickend. Zugegeben. Na ja. Egal. Hauptsache Kaffee-Flatrate.

Als ich am Samstag vorm Küchenstudio parke, läuft mir der Küchenmann bereits entgegen.

»Ist heute Griff-Elemente-Tag?«

»Herrgott, ja«, entgegne ich. »Machen wir es kurz. Ich hätte gern Schubladenknäufe in Form von Puddingbrezeln aus Sterlingsilber. Handgetrieben, direkt an die Schublade gepunzt.«

»Was?«

»Hören Sie«, sage ich unwirsch. »Geld spielt keine Rolle. Ich möchte einfach eine ordentliche Küche. Und hier parken.«

»Ich habe allmählich den Eindruck, dass Sie es nicht ernst meinen mit der Küche.«

»Wie können Sie es wagen? Nie war es mir mit irgendwas

so ernst. Aber ich bin nicht so ein 08/15-Typ. Entweder nach meinen Vorstellungen oder gar nicht.«

»Sie geben mir Ihr Ehrenwort?«

Oh Mann, denke ich. Ich sage: »Machen Sie einfach, wir werden uns schon einig.«

Beim Training wird's eng. Laufband schaffen wir nicht, in die Kurse dürfen wir nicht mehr, viel bleibt nicht. Also mischen wir uns wieder unter die Testosteron-Ochsen. Diesmal gebärden wir uns allerdings betont deeskalierend. Olli und ich legen Gewichte jenseits unserer Leistungsgrenze auf, sagen aber nur Sachen wie »Hui, schwer« oder »Upsi«, oder »Huch! Huch!«.

Auch wieder nicht richtig.

Immerhin: Der Küchenstudiomann und ich verstehen uns über die Zeit mit immer weniger Worten. Ich parke, wir tauschen ein paar markige Einzeiler, ich gehe trainieren.

Trotzdem: Die anderen Fitnessleute behandeln uns immer mehr wie Außenseiter. Die Strukturen des Fitnessstudios nehmen uns nicht gut auf. Sicher haben Olli und ich uns einige Schnitzer erlaubt: Wenn man zum Beispiel beim Duschen nach dem Training Shampoo ins Auge bekommt, rennt man nicht wie Olli nackt und panisch durchs gesamte Studio und kreischt: »DAS BRENNT, DAS BRENNT«, und wenn man's doch macht, sollte ich, nur als Notiz an mich, nicht nackt hinterherrennen und »WISCH WEG, WISCH WEG« rufen. Klar. Auch kauft man sich keine Schwitzhosen aus wasserundurchlässigem Material zum Unten-Zubinden und pumpt die Hosenbeine, wenn keiner kuckt, bis obenhin mit Kaffee voll, nur weil man die Flatrate hat und den Kaffee ja zu Hause in Thermoskannen abfüllen könnte, und wenn man das doch tut, sollte man vorher abklären, wie man mit seinen dampfenden Godzillabeinen, in denen heißer Kaffee Hag bis auf Hodenhöhe schwappt und brodelt, zum Auto kommt. Und dann nach Hause. Und überhaupt. Trotzdem sind wir zahlende Kunden dieses Studios, ein bisschen mehr Respekt wäre schon prima gewesen.

Immerhin, ich habe vier Kilo abgenommen. Wenn auch nur wegen der Scheißtreppe. Unterm Strich war es ein gutes Jahr.

Und dann, eines Tages, ging alles den Bach runter. Ich hätte es kommen sehen müssen. Habe ich aber nicht.

Als ich eines Montags vorm Studio parkte, empfing mich der Küchenmann. Er trug einen Frack und hatte Blumen für mich.

»Alles Liebe zur Hochzeit«, sagte ich und schulterte meinen Sportbeutel.

»Sie kommt.«

»Wer kommt?«

Der Boden begann zu beben.

Zuerst war da nur dieses Dröhnen. Dann verdunkelte sich die Sonne. Zuerst sah ich die riesigen Schwärme flüchtender Vögel, dann hörte ich das Röhren der Tieflader, das Donnern endloser Kolonnen mehrachsiger Fahrzeuge, wie sie eigentlich nur für den Transport von Windrädern benutzt werden, der Horizont flirrend, eine endlose Karawane an Fahrzeugen, alle gesäumt von schwitzenden Männern in Latzhosen, die stabilisierende Taue umklammerten, um sie herumwuselnd Leute auf Klapprädern, die Wasser reichten; ein Beobachtungszeppelin schwebte über der Szenerie, hier und da erblickte man Hubschrauber, in der Ferne Trommeln, auf einem Festwagen, in vollem Ornat, hohe Würdenträger von Miele, tanzende Männlein mit Turbanen sangen ein wenig sinnfrei, aber enthusiastisch PRINZ ALI, KLASSE WIE NIE, ALI AL BABWA, Fremde strömten auf die Straßen, sie schrien, weinten und fotografierten – und dann kam die Küche.

Ich sag mal so: Sie ist drei Meter zwanzig tief und neun Hektar lang, ein recht keckes Aufmaß, denn gegen dieses Monstrum wirkt die *Black Pearl* wie ein Fiat Ducato. Der Korpus der Küche wurde über vier Monate von JP Kraemers Tuningfirma schwarz foliert, wegen der Arbeitsplatte aus Massivholz existiert das Sauerland nur noch als entlaubte, lose Gruppierung einiger nackter Gebäude, da sind Mengen an Schubladen, in deren Anzahl sich Verstand und tränendes Auge für immer verlieren, und überall Silber und Gold und Karfunkelsteine; auf Höhe der Dunstabzugshaube, die leistungskräftig genug ist, einen Staudamm zu den Spiralnebeln von Klendathu zu saugen, reitet, optisch grashüpferklein, Johannes Lafer, der war im Geld mit drin, und wenn die Anlieferung einer Küche je gewirkt hat wie die erste UFO-Szene aus *Independence Day*, dann diese.

Mir wurden damals auf dem Parkplatz im Schlagschatten der dröhnenden Motoren recht abrupt drei Dinge klar:

1. Ich kann das jetzt vom Aufmaß her nur schätzen, aber ich sag mal: Das passt nicht.

2. Ich hatte irgendwann mal, um meine Ruhe zu haben, dreihundert Euro in bar angezahlt, weil ich dachte, das kriegen die eh nicht hin, und dann bekomm ich das zurück, aber so wie die Dinge liegen, behalten die das Geld wohl. Kann sogar sein, dass die noch was kriegen.

3. Ich muss los.

Ich lebe jetzt in Ahlen.

Sicher, meine Wohnung ist im Keller und hat keine Fenster, aber ich brauche nicht viel. Dreißig Quadratmeter, ein Ablauf in der Mitte des Wohnzimmers, im Nebengebäude ist ein Dönermann. Auf meinem Klingelschild steht MUSTAFA KIMBLE, und ich gehe nur nach Sonnenuntergang vor die Tür. Ich bin auf der Flucht.

Ich kann spüren, dass sie näherkommen. Habe gestern den Fehler gemacht, hier in Ahlen zum Sport zu gehen; an den Laufbändern sah ich Vermummte. Ich bin mir sicher, die Kantenumleimer-Innung hat Assassinen losgeschickt, um zu retten, was zu retten ist. Auch träume ich vom kalten Atem des hohlwangigen Spülenschmieds von Byzanz in meinem Gesicht. Und die Küche ist mir auf den Fersen. Noch habe ich Zeit; CNN sagt, die Karawane sei falsch abgebogen und würde jetzt den Elbtunnel und große Teile Bremens blockieren, aber wenn die erst mal gedreht haben ...

Mich schaudert. Und während ich dies grad schreibe, packe ich meine Sachen zusammen. Ich muss weg hier. Wenn ich zu langsam bin, kriegen sie mich. Dann muss ich ein Übergabeprotokoll unterschreiben, und die Restsumme ist fällig. Oder Schlimmeres. Kann man eigentlich den Internationalen Währungsfonds ausrauben? Ich habe noch neun Euro und einen Turnbeutel voller Bimssteine. Reicht das für einen Neuanfang? Fragen über Fragen, und alle diese Fragen werden von der einen großen Frage überstrahlt:

Kann das sein, dass ich mich mit dieser völlig übertriebenen Geschichte ein bisschen verrannt habe?

Influencer

Ich bin ein sehr ruhiger alter Mann in einer hysterischen digitalen Welt. Ich habe zum Beispiel kein Instagram.

Ich brauche das nicht. Mein Wille zur Selbstvermarktung ist jetzt nicht so ausgeprägt. Natürlich verstehe ich, wenn das Kolleginnen und Kollegen machen, zum Beispiel, um Kartenverkäufe anzukurbeln. Jeder, wie er meint. Wenn Sie wissen möchten, wo ich auftrete: Da hängt ein Zettel am Schwarzen Brett im Edeka Ihrer Gemeinde. Unten baumeln so fünf Abschnitte zum Abreißen dran. Wenn die alle weg sind, komm ich. Nee. Aber ich hab trotzdem kein Instagram.

Ich hab Ihnen abseits der Bühne einfach wenig Interessantes zu erzählen. Außerdem macht mich das ganze Gewese da aggressiv. Sie müssen im Prinzip nur fünf Minuten auf Insta unterwegs sein, dann prallen Sie auf die übliche Influencerin. Quasi die Blaupause für scheinselbstständiges Denken. Es ist IMMER DAS GLEICHE: hochaufgelöstes Foto. Siebenhundert Filter. Irgendeine Else steht in zu engen Leggings vor den Cheops-Pyramiden im Sand, ein Bein angewinkelt wie ein Flamingo, geschminkt wie ein japanischer Kabuki-Tänzer, und man denkt, ach Gottchen, aber dann kommt darunter: DIE STORY.

Für mich hat 'ne Story ja Anfang, Mittelteil, Konflikt, Twist, Ende. Oder Subjekt, Prädikat, Objekt. Oder mal 'n schönes Tuwort. Da jedoch nicht. Die klassische Urlaubs-Elsen-Geschichte beginnt immer gleich.

Text:

»Huhu, ihr Hasen.«

Dann 200 Emojis, einfach, um zu kucken, ob der Rest der Tastatur auch funktioniert, Hauptsache schön bunt. Krone, Krone, Pudel, Kackhaufen, Diamant, Roboterarm, Vorfahrt achten, Banane.

Dann der Rest vom Text:

»Sweeties, ich stehe gerade vor den Püramiden in Ägypten. Schon unnormal, was der Mensch alles erreichen kann, wenn er sich nur Ziele setzt und reinhängt. #Mindset #Leistung.« Dann wieder: Pudel, Vollmond, Gurke, Feuerwehrauto, Diskette, Clown, Clown, chinesischer Daumen.

Dann kommt sie zum Punkt: »P.S.: Wenn euch die Hose gefällt, die ich anhabe, findet ihr den Link zum Hersteller in meiner Infobox!«

Darum ging's dann: Du klickst auf den Link, wirst über *Takko* nach *Guan Chong* über Shenzhen und Helms Klamm zu irgendeiner Billighosenschmiede geleitet, kaufst was, und sie kriegt Prozente.

Das ist wie Zeitschriftendrücker, nur digital. Das kennen viele gar nicht mehr. Das war Kaltakquise vom Feinsten. Meistens ging es um Zeitschriften-Abos. Da wurden irgendwelche armen Seelen morgens um acht aus 'nem Bulli getreten und mussten ganze Städte abklappern. Ich habe dann immer da zu Hause gesessen, 'n Eimer Flips im Schoß, in einem lockeren Frottee-Ensemble, als es plötzlich klingelte. Ich latschte zur Tür, und stets stand da ein fahler Hansel im Treppenhaus, der da sprach:

»Tach, ich bin der Jürgen und hab sehr lange Heroin genommen, möchten Sie die HÖRZU abonnieren?«

Ich: »Wie bitte?«

»Tach, ich bin der Jürgen und hab sehr lange Heroin genommen, möchten Sie die HÖRZU abonnieren?«

Ich: »Ja.«

Und zwar ganz einfach, weil die Story gut war. Kompakt, klarer Spannungsbogen, guter Twist am Ende. Außerdem ist HÖRZU ein super Name für 'ne Fernsehzeitschrift.

Und deswegen ist das mit der Influencerin so unwürdig. Am liebsten würde ich der schreiben:

»Hör mal, Gnädigste, ich finde, du hast voll recht: Ist schon toll, was man alles beim Bau antiker Grabmäler erreichen kann, wenn man sich nur Ziele setzt und reinhängt. Und Hunderttausende kostenloser Sklaven hat, die im Wüstensand verrecken, damit man als Pharao Karl-Heinz der Fünfte nach dem Ableben in so eine spitze Scheiße reingrätschen kann. #Bildungfüralle.

Google das mal. Und wenn du schon dabei bist, schau mal nach: Schreibt man Pyramide wirklich mit ü?«

Aber ich hab ja kein Insta.

Dieses Instagram ist Facebook auf Testosteron. Bis vor einigen Jahren war Facebook ja die Plattform der Wahl für mittelständische Selbstdarsteller. Da tummelten sich ja gerne Seiten wie MONI'S HÄKELSTORE KALKREUTH, 12 Likes. Aber Instagram toppt dies um den Faktor 4000.

Alle Sperren der Selbstvermarktung sind gefallen, da ist jeder ein Star, und jeder versucht dir seine Existenz als den goldenen Gipfel der Schöpfung zu verticken. Das ist nicht meine Auffassung von Arbeit. Schon diese ganzen Leute von *Bauer sucht Frau,* die sich da tummeln. Nix gegen einsame Bauern. Ich habe nichts dagegen, wenn ein etwas verwachsener Herr im Zuckerrüben-Business über seine harte Arbeit ein bisschen die Zahnpflege vergisst, und ich verstehe auch, dass man nicht gut eine Frau kennenlernen kann, wenn einem vierzig Hektar Matsche an den Hacken kleben, und oft sind ja vierhundert Ziegen wirklich wichtiger als Partytime. Und ich verstehe fast, dass aus dem Tunnelblick eines Hühner-Imperators heraus eine Eheanbahnung nur möglich erscheint, wenn man einen TV-Sender ins sinkende Boot holt, jedoch: Der Weg zur pausbäckigen Dame mit der Reisetasche führt durchs Gehölz der Erniedrigung, und das ist nicht gut. Und wenn man dann vor der halben Nation ungelenk geknutscht, Marmelade eingekocht und oftmals seine etwas archaische Sicht auf den Feminismus kundgetan hat, dann muss es auch vorbei sein. Sollen sie anonym in Frieden leben.

Das ist einfach nicht meine Auffassung von Arbeit. Oder von Geldverdienen. Echt nicht. Ich habe als junger Mensch Prospekte ausgetragen. Da wurde man für viel Arbeit beschissen bezahlt. Und nicht andersrum. Und es war im Prinzip dasselbe Tätigkeitsfeld.

Du gingst für fünf Mark die Stunde mit einem durchnässten Packen Supermarktprospekte bis Sonnenuntergang von Siedlung zu Siedlung, dir stand das Wasser in den Schuhen, der Angebotsschlüpfer von Hertie klebte dir wie festzementiert in der Arschritze, die Arme taten weh, und wenn einer zufällig öffnete und fragte, was du da tust, warst du plötzlich auch Influencer. Du sagtest allerdings nicht: »Ihr findet alle Links zu den Herstellern unten in meiner Info-Box, Tschaui!«

Du sagtest: »Wenn Sie sich für Gehacktes interessieren: Prospekt ist im Postkasten.«

Oder man hielt einfach die Fresse. Das ging auch.

Käse

Ich dachte wie viele von Ihnen auch sehr lange, die auf Käsepackungen zu lesende Information »48 % Fett i. Tr. bedeutet: 48 Prozent Fett in Trance. Also dass folglich 52 Prozent des Fettes im Käse voll am Geschehen teilnehmen, also mega auf Draht sind, sehr ausgeschlafenes Fett, ganz vorne mit dabei, Siegerfett sozusagen, und 48 Prozent eben in Trance, absolut nicht ansprechbar, passiv, planlos, weggetreten. Fett, mit dem man nichts reißen kann. Fett in Trance eben. Fett, das mental abwesend und völlig in sich versunken auf eine Scheibe Brot gelegt wird und nicht die geringste Notiz davon nimmt. Während der wache Teil Käse natürlich kreischt: »Überback mich, Amigo, ich möchte Blasen werfen, HOLLADIBOLLA!«

Es bedeutet aber leider »in Trockenmasse«, also das Fett, das nach Verdunsten des Wassers im Käse übrig bleibt. Meine Version gefällt mir allerdings besser.

Die heilende Kraft der Blamage

> *Nimm die Erfahrung und die Urteilskraft der Menschen über 50 heraus aus der Welt, und es wird nicht genug übrig bleiben, um ihren Bestand zu sichern.*
>
> Henry Ford

Viele von Ihnen nehmen mich, wenn ich der gelegentlich eingehenden Post glauben darf, als zutiefst lässigen und eloquenten Menschen wahr, und niemand wäre glücklicher als ich, wenn das stimmen würde. Aber einen Großteil meiner entspannten Ausstrahlung verdanke ich vor allem dem Umstand, dass ich ein ziemlicher Idiot bin. Das ist völlig in Ordnung. Es hilft mir, mich nicht für was Besseres zu halten.

Deswegen das Thema: Die heilsame Kraft der Blamage. Ich führe sozusagen Buch über all den selbstverursachten Schwachsinn, den ich produziere. Hier deswegen meine Top drei der letzten zwei Jahre. Ist alles wahr.

Platz 3

Ich sitze im Zug nach Berlin, Mitte Januar 2020, auf dem Weg in ein Fernsehstudio, hab das Tischchen vor mir runtergeklappt, vor mir eine Flasche Cola und schaue eine Serie auf dem Tablet. Ich trage dabei sogenannte *Noise-Canceling*-Kopfhörer. Für die technisch nicht so Beleckten: Noise Canceling bedeutet nicht, per Knopfdruck das nordrhein-westfälische

Neuss zu vernichten, es wäre auch schade drum, sondern, dass die Kopfhörer den äußeren Schall aufnehmen, zu einer Minuskurve umwandeln und somit eine Art digitaler Stille erzeugen. Keine Nebengeräusche. Sehr faszinierend. Ich sitze also in der Stille, höre glasklar meine Serie, als sich irgendwer neben meinen Sitzplatz stellt. Ich nehme die Person aus den Augenwinkeln wahr und denke: Ah, man hat mich erkannt.

Ich stehe im Prinzip jederzeit für 'n Selfie zur Verfügung, aber es ist ein bisschen befremdlich jetzt, weil ich ja für jedermann sichtbar eine Serie schaue. Was soll's, denke ich, und wappne mich. Ich drehe den Kopf und sehe meinen Besucher nun deutlich. Es ist der Schauspieler Benno Führmann. Wirklich. Er lächelt. Na, wenn das so ist, denke ich, und spiele in drei Sekunden die Szene durch. Benno Führmann wird sagen: »Herr Sträter, ich bin ein großer Fan Ihres feinsinnigen Humors«, und ich werde abwinken und sagen: »Herr Führmann, ich fand Sie toll in ... äh ... als gestiefelter Kater. Tolle Synchronarbeit. Und bei Babylon Berlin.« Und dann machen wir ein Selfie.

Ich nehme also strahlend die Kopfhörer ab und sage: »Na, wen haben wir denn da?«

Benno Führmann sagt: »Hallo. Könnten Sie bitte Ihre Colaflasche wegstellen? Das ganze Abteil ist genervt.«

Und Tatsache: Ohne Kopfhörer hört man gut, dass durch die Vibration des Zuges meine Colaflasche die ganze Zeit ohrenbetäubend gegen den Vordersitz schlägt.

DINGDINGDINGDINGDING!

Ich ergreife die Colaflasche.

Benno Führmann: »Danke.« Und geht weg.

Will sagen: Wenn Sie sich gepflegt und wie der letzte Depp

bis auf die Knochen blamieren, setzt das den Grad Ihrer Selbstüberschätzung zurück von zwölf auf sagen wir: eins. Zumindest eine Zeit lang.

Platz 2

Ich laufe durch Dortmund, will ’nen Pulli kaufen, und beinahe jeder, den ich treffe, lächelt mich an. Zuerst erfreulich, aber nach ’ner halben Stunde wird’s irritierend. Und dann denke ich: Mooooment! Die haben am Wochenende diese Sendung mit mir ausgestrahlt, gute Quote, und jetzt haben mich plötzlich alle auf dem Schirm, das ist der Break-even, from Zero to Hero, und ich beginne, zurückzulächeln, und es fühlt sich toll an. Ich nicke jetzt auch leicht markant, ein bisschen Clint-Eastwoodesk, trocken, und zwinkere ab und zu. Was für ein Gefühl. Irgendwann lande ich bei Karstadt, gehe an ’nem Spiegel vorbei. Ich hab bis zur Stirn Nutella im Gesicht.

Ich erzähle Ihnen das nur, um mich selbst zu befreien. Denn das tun Blamagen: Sie machen dich frei.

Die therapeutische Wirkung der Blamage ist enorm, exorbitant!

Hier ist Platz 1

Ich fahre mit dem Zug von Dortmund nach Stuttgart. Zug halb voll, tolle Reise, esse im Bordrestaurant, dann muss ich mal aufs WC. Aus reiner Bequemlichkeit benutze ich die Behindertentoilette. Wenn man die Türklinke kurz klickt, fährt die Tür automatisch auf. Man tritt ein, betätigt erneut die Klinke, die Tür fährt zu. Dann drückt man einen Knopf. Tür verriegelt.

Dachte ich.

Die Tür öffnete sich automatisch alle acht Sekunden. Für acht Sekunden. Ich hab's gestoppt. Dann ging sie automatisch wieder zu.

Es gibt nur wenige Anblicke, die trolleybepackte Geschäftsreisende unerwarteter treffen als ein wie von einem perversen Adventskalender präsentierter kackender Herr mit Mütze. Die Toilette verfügte über keine toten Winkel, und so bewegte ich mich einfach nicht und hockte da wie Rodins Denker. Was schafft man in acht Sekunden? Untenrum wenig. Tür gleitet auf. Mutter mit Kind. Ich rolle grad Papier ab. Man meint fast, Jörg Drägers Stimme zu hören, die brüllt: WAS IST HINTER TOR 3? Zeit verging nie langsamer. Es war wie eine Wanderausstellung. Die menschliche Verdauung als unverlangter Diavortrag. Elfmal öffnete sich die elektronische Tür. Elfmal suboptimaler Sichtkontakt mit Fremden. Ich habe mitgezählt. Dann bin ich in Mannheim ausgestiegen und hab einen Zug abgewartet.

Das war schlimm.

Sie und ich, du und ich, wir werden nie perfekt sein, also sollten wir alles daran setzen, uns locker zu machen. So ist der Mensch. Ich vor allem. Es ist keine zwei Stunden her, da habe ich auf das von einer Kellnerin gewünschte »Guten Appetit« mit »Gleichfalls!« geantwortet. Es hört nicht auf. Und das ist gut. Sich zum Deppen zu machen, ist gut für die Seele.

Senil daneben

Liebe anwesende Künstlerinnen und Künstler, verehrtes Publikum, Ihr feinen fleißigen Leute hinter und an den Kameras – lassen Sie mich aus gegebenem Anlass einige feierliche Zeilen verlesen.

Es sind meist nur drei Worte, die wir hören, bevor etwas Schlimmes passiert:

Zum Beispiel:

Links ist frei!

Der rote Draht!

Hugo Egon Balder!

Letztgenannter ist unser Gratulationsadressat, und er bat mich, hier einige Worte zu sprechen. Genau genommen bat er mich, ihn zu roasten, präzise: ihn nach dem Rezept amerikanischer Comedy-Shows flächendeckend zu beleidigen. Weil das gerade modern ist und weil dann der fachgerecht Geröstete zeigen kann, dass er zur Selbstironie fähig ist. Leider muss ich dem eine Absage erteilen –, denn nachzutreten, wenn Menschen schon am Boden liegen, ist nicht meine Art, und zum anderen mochte ich Hugo Egon Balder sehr gern, als er noch lebte. Deswegen mache ich so was nicht! Also bitte. Ein wenig Respekt wäre angesagt.

Stattdessen: Ein paar Worte über unser Geburtstagskind. Was wissen wir?

Nun: Über die ersten Lebensjahre des Hugo Egon Balder existieren verschiedene Theorien. Damals konnte man so was ja nicht googeln, und jetzt ist es zu spät. Eine Theorie lautet:

Hugo Egon Balder wurde 1950 als KNUT SUSI KAPUTTNIK

in Wämsenburg am Lulli geboren, mitten im Herzen des ehemaligen Spätpolen, heute Zentral-Don-Kosackzement. Klingt plausibel, aber es fehlen die Belege. Die andere Theorie sagt:

Als Hugo Egon Balder 1950 zur Welt kam, war er bereits zwölf, denn seine Mutter dachte, die Wehen seien Sodbrennen.

Und eine dritte Annahme lautet, dass er gar nicht geboren, sondern vom Bremer Amt für Veterinärforschung gezüchtet, dann aber ausgesetzt wurde, und zwar mit der Begründung: »Zu wenig Haare für ein Frettchen.«

Wir werden die Wahrheit nie erfahren, denn dafür müssten wir ihn fragen, und da hat keiner Bock drauf. Man kriegt ja eh keine vernünftige Antwort.

Was wir aber sicher wissen: Der Mann ist nun siebzig! Wie übrigens auch Richard Gere. Was der schlechteste Vergleich ist, der mir eingefallen ist. Richard Gere mit Balder zu vergleichen ist, als würde man sagen: Hier, mein Ferrari. Und da: Sackkarre. Na ja. Egal. Filme wie *Pretty Woman* hätten mit Balder ohnehin nicht funktioniert. Julia Roberts: »Nach diesen fünf Tagen wirst du nicht wollen, dass ich jemals wieder gehe.« Balder: »FALSCH!« Egal.

Trotzdem verdanken wir Hugo Egon Balder viel: In seinen nunmehr siebzig Lebensjahren schuf er TV-Perlen wie *Tutti Frutti*, ein bis dahin in der Fernsehlandschaft noch nicht da gewesenes Kunstwerk, einfach weil man beim Ansehen sowohl onanieren als auch Sachen rufen konnte wie: »Kuck mal: Obst!«

Oder die Show *Der Klügere kippt nach*, deren Konzept mit »Alle sind besoffen« schon als übererzählt zu betrachten ist.

Oder nehmen wir einfach jedes erdenkliche Gesellschaftsspiel von Schiffe versenken und Flaschendrehen über Spitz pass auf, Versteck die Wurst und Zunge in die Steckdose XXL:

Jede Spieleidee, die schon im kleinen Kreis von Privatleuten zu Mord und Totschlag führte, wurde als Panelshow, die einem wie ein Peitschenhieb ins Stammhirn drang, in oft mehrstündigen Folgen durchzelebriert. Gerüchten zufolge darf Balder tun und lassen, was er will, weil er kompromittierende Fotos besitzt, die jemanden aus der Chefetage von Sat.1 zeigen, wie er sich vor Erregung wimmernd von entstellten Zwergen in rote Nappaledersäcke einnähen lässt. Sollte dies nur ein Gerücht sein, entschuldige ich mich. Und bei Sat.1 entschuldige ich mich, dass ich ein schwieriges Wort wie »kompromittierend« benutzt habe. So oder so: Hugo Egon Balder ist ein Wunderknabe. Niemand hat das deutsche Fernsehen als reine Versuchsanordnung so salonfähig gemacht. Und ich freue mich jetzt schon auf den Herbst, wenn die neue Show startet: »›Arsch oder Gesicht – das große Waschlappenschnüffeln XXL.‹«

Sicher, es gibt auch mal Rückschläge. So musste Balder gerade erst seinen Organspendeausweis wieder abgeben, aber so was kriegt ihn nicht klein. Er darf auch nicht mehr die Körperwelten-Ausstellung besuchen, weil die Leute immer so kreischen, wenn er sich bewegt. Na und? Der Mann ist ein Titan!

Balder hat einen ganz eigenen Stil. Seine Kleidung bekommt er von den Ehrlich Brothers, und die kaufen bekanntlich ihre Klamotten immer dann, wenn in Rumänien ein Zirkus zumacht. Hugo Egon Balder ist eine Art Gegenentwurf zur wallemähnigen, zwei Meter vierzig großen TV-Lichtgestalt Gottschalk. Aber das stört ihn nicht. Und wenn ihn doch mal der Groll packt, geht er in den Wald, denn Balder weiß: Für die anderen Kastanienmännchen ist er eine Gottheit, wie King Kong.

Heute wird Hugo Egon Balder siebzig. Und das ist wunderbar. Er ist der jüngste alte Mann, den ich kenne. Lasst uns darauf mit Hugos Lieblingsdrink anstoßen: Fanta Formaldehyd.

Ich denke, dass Hugo Egon Balder nicht mehr fürs Auge sichtbar altern wird. Die Fläche seines Gesichts ist jetzt voll ausgenutzt. Auf seiner Autogrammkarte kann man ein Labyrinth-Spiel spielen, indem man mit dem Kuli die Furchen entlangfährt.

Finde den Ausgang. Spoiler: Linkes Ohr. Egal.

Balder altert nicht mehr, er verwittert nur noch, wird langsam zu einer Art lächelnder, hellwacher Mumie mit spitzen Schuhen ... und für die nächsten dreißig Jahre wird es mithin ausreichen, Balder gelegentlich abzukärchern, dann Lederfett drauf und achtundvierzig Stunden auf den Balkon. Dieser Mann geht nicht kaputt. Er fermentiert, und das noch viele Jahre.

Denn Hugo Egon Balder ist eine deutsche TV-Legende, und Menschen solchen Schlages haben Bestand.

Lieber Hugo, ich glaube, ich spreche im Namen aller, wenn ich sage, dass wir dich enorm liebhaben und uns geehrt fühlen, mit dir deinen Geburtstag zu feiern. Du guter, hochgeschätzter, flusiger, seltsamer Mann. Und dass du, Hugo, wie der Titel dieser ganz speziellen Geburtstags-Show andeutet, senil bist, kann nichts weiter sein als einer deiner üblichen Scherze. Na ja. Falls nicht, komme ich in 'ner Stunde wieder und lese das hier noch mal.

Doch nun muss ich schließen.

Auf dass all deine Wünsche in Erfüllung gehen, hundert Jahre Gesundheit, Liebe, Happy Birthday, Hugo Egon Balder.

Corona 76

Es ist eine verrückte Zeit.

Das ist die klassische Kabarett-Eröffnung. Geht immer. Für jedes Thema. Also: Es ist eine verrückte Zeit.

Ich frage mich manchmal, eigentlich sogar ziemlich oft, ob uns die CORONA-PANDEMIE auch so irre gemacht hätte, wenn sie, sagen wir mal, 1976 stattgefunden hätte.

Januar 1976. Mittwoch. 19:30 Uhr.

Vatter war arbeiten, Mutter brät noch mal autopsieartig den Sauerbratenrest vom Sonntag auf, draußen ist es kalt. Vatter macht Fernseher an. Bis ein Bild erscheint, dauert's fünf Minuten, die sich ebenfalls so anhören, als würde Sauerbraten warm gemacht. Dann, hinter einer Rauchwand: Helmut Schmidt. »Liebe Mitbürgerinnen und Bürger, wir haben ein Virus in Deutschland. So geht es ja nicht. Unternehmen wir was dagegen, nech. Schönen Abend noch.«

Danach sofort: *Sandokan, der Tiger von Malaysia*. Mit Kabir Bedi. Pumphose. Säbel. Top.

Am nächsten Tag steht das mit dem Virus in der Zeitung. Meine Mutter sagt, ich solle ein bisschen Abstand von den anderen Kindern halten. Bis man was weiß. Ich sage, dass das kein Problem sei, die anderen Kinder würden mich eh meiden, weil ich offensichtlich das einzige Arschloch bin, dass 24/7 gelbe Gummistiefel zum Oben-Zubinden trägt.

April.

Es gibt Infektionsfälle in ganz Deutschland. Die Zeitungen

veröffentlichen Zahlen Infizierter, die zwischen »mehrere«, »nicht wenige« und »ein ziemlicher Batzen« schwanken.

Bei einer TV-Debatte, die entweder in einem Bonner Studio oder einem eingestürzten Stollen stattfindet, genau kann man's wegen der ganzen Zigaretten nicht erkennen, sagt ein Experte vom Gesundheitsamt, man arbeite an einer Impfung. Was das für eine Impfung sei, fragt der Moderator. Der Experte erwidert, das sei kompliziert zu erklären. Der Moderator nickt und trinkt einen Cognac. Dann ist die Sendung vorbei.

Mein Vater trifft einige Wochen später seinen Nachbarn Erich. Erich ist der König der Siedlung, denn er besitzt als Einziger im Umkreis von zwölf Blocks einen sarkophaggroßen, importierten Betamax-Videorekorder und kann somit buchstäblich die Zeit einfrieren.

Erich: »Hömma. Das mit der Impfung ...«

Vatter: »Ja?«

Erich: »Da steckt 'n Plan hinter.«

Vatter: »Das will ich hoffen.«

Erich: »Du verstehst nicht!«

Vatter: »Watt'n?«

Erich: »Die wollen uns mit jeder Impfung ein Wählscheibentelefon unter die Haut schießen. Dann können die uns immer anrufen.«

Vatter: »Die muss man bei der Post mieten. Das gehört mir dann doch gar nicht.«

Erich: »Trotzdem. Ich hab Informationen.«

Vatter: »Woher dat denn?«

Erich: »Das musst du schon selbst recherchieren.«

Vatter: »Warum? Kannst du mir doch erzählen.«

Erich: »Nee. Find's selbst raus.«

Vatter: »Und wo?«

Erich: »Bücherei.«

Vatter: »Bücherei ist groß.«

Erich: »Genau. Eben.«

Vatter: »Ich hab auch Informationen. Du hast den Schuss nicht gehört, Erich.«

Im Juni kommt der Lockdown. Er heißt allerdings AKTION MIETE ABWOHNEN. Ende offen. Es ist der Erste und direkt Letzte seiner Art. Die Zeitungen berichten, der Kanzler habe Erich Honecker angerufen und gesagt, er mache jetzt in der BRD alles dicht und ob die DDR mitziehen würde. Eine Minute Stille in der Leitung. Dann sagt Helmut Schmidt: »Mein Fehler«, und legt auf.

Omma ruft zwischendurch immer mal wieder an. Ich spreche gern mit ihr. »Ich soll dich fragen«, sage ich, »ob du noch Klopapier hast?«

Omma sagt: »Deine Mudda hat noch Klopapier.« Ich frage meine Mutter, ob das stimme. Es stimmt.

Ich erzähle ihr, dass jetzt alles zu habe.

Omma sagt, das sei Kokolores, der Supermarkt habe auf.

»Ja, aber nur der«, sage ich.

»Ja, wo soll ich denn sonst hin? Auf'n Eiffelturm oder wat?«

Zwischendurch erklärt die deutsche Post in der Zeitung, dass nix dran ist an den Gerüchten mit den Impftelefonen, man könne aber nach wie vor einen schmucken Fernsprecher mieten, neuerdings auch mit opulenter Brokat-Husse zum Überstülpen im Stile Heinrichs des Achten. Für unterwegs und draußen blieben noch die nicht ohne Grund gelben Urinboxen mit Münzeinwurf.

Die Regierung erklärt, dass gerade alles nicht so gut laufe. Impfstoff müsste an sich schon da sein, aber irgendwer habe den Zettel mit der Bestellung verschlampt.

Helmut Schmidt meldet sich noch mal im Fernsehen und sagt, man müsse jetzt den Gürtel etwas enger schnallen. Deswegen sei jetzt ab 22 Uhr Ausgangssperre.

Abends fährt dann auch ein VW Käfer der Polizei durch die Siedlung. Er kontrolliert, ob alle im Haus sind. Irgendwo geht ein Fenster auf. Jemand brüllt: »Mach dich mit deinem Zweitakter vom Hof, sonst scheiß ich dir auf die Motorhaube. Ich hab morgen Doppelschicht.« Die Polizei fährt wieder.

Der Weihnachts-Mehrteiler ist dieses Jahr *Michael Strogoff, der Kurier des Zaren*. Raimund Harmstorf ist der Tom Selleck der BRD. 1971 zerdrückte er Kartoffeln. Mit der Hand. Roh. Gekocht kann jeder. Jetzt Kurier. Daumen hoch.

Die Impfung kommt. Gefragt, woraus sie bestehe, antwortet der Gesundheitsminister: »Aus Zeug, das hilft.«

Wie der Name der Impfung laute?

»Ja, wie Sie wollen. Keine Ahnung. Manfred. Hauptsache, hilft.«

Februar: Ich werde in der Schule von einem Mann, der aufgrund seiner Kutte vielleicht Arzt ist, oder Laborant, oder Tapezierer, geimpft. Durch den Pullunder. Fünf Sekunden. Dann Erdkunde.

Drei Monate später ist der Spuk vorbei.

Die Videorekorder-Kriege beginnen. VHS gewinnt.

Ende.

Der kleine dicke König 1

Es war einmal das Königreich Schlabunsen. Dort regierte mit fleischiger, aber sanfter Hand der kleine dicke König. Der kleine dicke König hatte einen sehr geregelten Tagesablauf. Um sieben Uhr wurde er von der nicht minder dicken Hofnachtigall mit Gesang geweckt. Dann erhob sich der König und trank einen Kakao, der ihm dafür täglich frisch aus dem Gestein der nahe liegenden Schoko-Bergwerke geknüppelt worden war. Hernach ging der König auf seinen Balkon und blickte aufs Land. Ging ein Untertan vorbei, rief er: »Huhu, Untertan«, und dieser antwortete pflichtschuldigst mit »Huhu, kleiner dicker König.«

Jeden Tag schickte er nach seiner Leibwache. Diese legendären Männer trugen tagein, tagaus Rüstung, selbst zur Nachtruhe. Das funktionierte fabelhaft, da die Rüstungen aus Frottee waren. Und sehr leger geschnitten. Und hellblau. Oft spielte er mit seinen Wachen Mario Kart. Und zwar in echt. Dafür hatte er Dieselmotoren an große Pilze geschraubt, und so ging es hei und husch über die Wiesen des Reiches. Abends empfing er Besuch. Jeder, der wollte, konnte kommen. Es gab Kuchen und Tee aus den benachbarten Kamille-Minen, und man lachte viel. Der kleine dicke König, so sagte man, war der liebste Mann der Welt, so unglaublich friedlich und in sich ruhend, dass der Dalai Lama einmal freundlich aus dem Palast komplementiert wurde, versehen mit dem Hinweis, er möge künftig nicht ganz so aggressiv auftreten.

Eines Tages jedoch erwachte er früher als sonst, denn die

greise Muhme, die ihm den Kakao bereitete, klopfte vor der Zeit an die Tür der Schlafgemächer.

Der kleine dicke König rieb sich die Augen und rief: »Huhu, greise Muhme, es ist früh am Tag, was ist Phase?«

»Huhu, kleiner dicker König«, erwiderte die Muhme, »Folgendes: Ein Bote kam zur fünften Stunde, und er berichtete, eine Seuche sei mit dem Wind auf dem Weg nach Schlabunsen.«

»Was für eine?«

»Es gibt Seuche und Seuche«, sagte die Muhme. »Eine von denen wird's sein.«

Die Leibärzte des Königs erklärten ihm, was es mit der Seuche auf sich habe. Dass sie durch Spucke und Gequatsche, durch Anfassen und Umarmen übertragen werden könne. Und dass die Alten und Kranken im Königreich daran sterben könnten.

»Rubbel die Natter!«, rief der kleine dicke König. Er entsandte tausend Reiter auf kleinen dicken Ponys. Das ging nicht gerade schnell, war aber besser als nichts. Sie überbrachten den Untertanen einige Anweisungen:

Wasche er sich die Tatzen, unterlasse er bis auf Widerruf Gefummle mit Fremden und Freunden, und vielleicht halte er sich am besten vor allem zu Hause auf. Einen recht schönen Dank. Gezeichnet, DKDK

Eine Woche später, auch der kleine dicke König hatte diese Tage im Palast verbracht und endlich mal das ziemlich wuchtige Buch mit dem Titel »Die Abenteuer von Schmelm, dem Mettwurst-Zyklopen« zu Ende gelesen, ging er testweise und vorsichtig vor die Tür. Und er wollte seinen Schweinsäuglein kaum Glauben schenken: die Stadt, der Vorplatz zum Palast, die weitläufigen Wiesen: alles voller Menschen. Der König räusperte sich und rief: »Huhu, Volk. Läuft bei euch? Kleine Nachfrage: Bat ich nicht darum, das hier zu unterlassen und sich im Hause aufzuhalten?«

»Aber wir haben Dinge zu erledigen!«, erwiderten die Menschen.

»Ich sehe das schon«, entgegnete der König. »Aber was Ihr vor allem erledigt, ist, versehentlich Alte und Kranke zu töten.«

»Aber die Pfleger kümmern sich um die Alten und Kranken.«

»Und ihr hockt auf der Wiese, rammt euch die Zungen in die Kehlen und verbreitet die Seuche.«

»Wir sehen keine Seuche!«

»Eben«, sagte der kleine dicke König. »Wenn die Seuche fünf Meter hoch wäre, hupen täte und nach Pommes röche, hätten wir das Problem nicht. Also bitte in die Häuser.«

»Warum soll es im Haus sicherer sein?«, riefen da alle.

»Weil es«, sagte der kleine dicke König, »eine Seuche ist und kein Schlüsseldienst.«

Und so gingen die Leute in ihre Häuser, und der König huschte auf dem Rückweg zum Palast noch rasch beim Krämer vorbei.

Er legte sich etwas Butter ins Körbchen, ein Glas Senf, ein halbes, weiches Brot, und dann spürte er, wohl durch den untypischen Mangel an Harmonie in diesen Tagen, einen sanften Druck im königlichen unteren Drittel. Ihm war, wurde dem kleinen König gewahr, recht dringend nach einem beherzten Ritt auf der Palastkeramik. Also winkte er nach dem Krämer. »Huhu, kleiner dicker König«, sagte der Krämer. »Heute ist der Kunde nicht nur König, sondern König.«

»Huhu, Krämer, Hammer-Gag«, erwiderte der kleine dicke König, dem nicht recht nach Scherzen war, »bring er mir bitte einen Hieb vom Vierlagigen. Es pressiert etwas.«

»Toilettenpapier ist aus«, erwiderte der Krämer.

»Inwiefern aus?«

»Na ja. Alles aufgekauft. Die Leute horten Toilettenpapierrollen. Aus Furcht vor der Seuche.«

»Check ich nicht.«

»Wie dem auch sei, mein König, in ganz Schlabunsen gibt es kein Papier mehr.«

»Er beliebt zu scherzen.«

»Mitnichten, kleiner dicker König.«

Der kleine dicke König stand einfach so da. Viele Minuten lang. Dann sagte er: »Moment« und verließ den Laden.

Und der kleine dicke König stellte sich auf die Straße und rief die Menschen zusammen.

Binnen Minuten waren tausend Untertanen aus ihren Häusern getreten.

Der kleine dicke König räusperte sich.

»Liebes Volk«, sagte er, »mir ist soeben zu Ohren gekommen, dass einige von euch der Auffassung sind, dass zehn Prozent der Bevölkerung neunzig Prozent der Hygieneartikel besitzen sollten, und ich darf euch bei allem Respekt sagen, DASS ICH DAS NICHT DULDE, IHR SPINNER! ZWINGT MICH NICHT, REITER AUSZUSENDEN, DIE EUCH AUS EUREN HÄUSERN ZERREN, EUCH PEITSCHEN UND NACKT ÜBER DEN MARKTPLATZ SCHEUCHEN –, ZWINGT MICH NICHT, EUCH BLOSSZUSTELLEN UND DEN ARSCH ZU VERSOHLEN, IHR ARMLEUCHTER, DANN IST HIER GANZ SCHNELL HÄNGEN IM SCHACHT! WAS DACHTET IHR, BRINGT DAS, WIE DIE BESCHMIERTEN SCHEISS-

HAUSPAPIER ZU KAUFEN UND EINEN ENGPASS ZU ERZEUGEN, IHR VOLLIDIOTEN? IST DAS EURE AUFFFASSUNG VON DARWINISMUS? DER SCHNELLERE PUTZT SICH DEN POPO AB, DIE ANDEREN NEHMEN 'N BRETT? HABT IHR GEDACHT, KLOPAPIER IST DAS NEUE BITCOIN ODER WAS? MACHT MICH NICHT SAUER, IHR HOHLBIRNEN!«

Jemand rief: »Aber kleiner dicker König!«

»NIX KLEINER DICKER KÖNIG. FÜR DICH SARUMAN, DU PIMMEL! JETZT WERDEN HIER MAL ANDERE SEITEN AUFGEZOGEN! ICH GLAUB, ES HACKT! IHR DENKT, DIE SEUCHE IST SCHLIMM? IHR DENKT, STÜRME SIND ES? FEUERSBRÜNSTE? ZYKLOPEN? AM ARSCH DIE RÄUBER, FREUNDE! DAS SCHLIMMSTE, DAS ÜBELSTE, DAS GEFÄHRLICHSTE WESEN IM GANZEN UNIVERSUM IST EIN KÖNIG, DER KACKEN MUSS, ABER KEIN PAPIER HAT! IHR SCHWACHMATEN! SO! FRESSE HALTEN. WEGTRETEN! DRIN BLEIBEN!«

Und ab da ging's.

Ende.

Ach ja … in diesem Märchen war eine subtile Botschaft versteckt.

Der kleine dicke König 2

Es war einmal das Königreich Schlabunsen, und sein Regent war der kleine dicke König. Als der König eines Abends aus dem Palast trat, hatte das Königreich Schlabunsen sich verändert. Denn er selbst hatte auf knuffigst mögliche Art verfügt, dass wegen der immer noch wütenden Seuche alle Betriebe schlössen, die nicht zwingend erforderlich waren. In der Ferne bellte ein Hund. Sogar der Mond war nicht zu sehen. Der kleine dicke König wusste, dass der Krämer noch geöffnet war. Also nicht der Krämer selbst, das ist ungut proktologisch formuliert. Sein Laden. Und der König wusste, dass eine Lieferung Bananenmilch eingetroffen war. Und wenn der König eines schätzte, dann mit seinem royalen Bratarsch auf dem Diwan zu sitzen, Bananenmilch zu trinken und ein gutes Buch zu lesen, zum Beispiel »Die Abenteuer von Schmelm, dem Mettwurst-Zyklopen Teil 2. Untertitel: Bumms, da isser wieder.« Und als der kleine dicke König die Straße entlangspazierte, traf er plötzlich zwei Untertanen. Er kam spontan nicht auf ihre Namen, aber der Mann war ein verhuschter Lurch sondergleichen, seine Gattin immerhin noch sonderbar, aber auf diese Art, bei der man sich sagt: »Komm, egal.«

»Huhu, Untertanen«, sagte der König.

»Huhu, König«, sagte die Frau. »Mit Verlaub, könntet ihr euch entfernen, Majestät?«

»Warum?«

»Wir dürfen nur zu zweit auf die Straße!«

»Wer hat das behauptet?«, fragte der König.

»Das wart Ihr«, sagte der Mann.

»Gut«, erwiderte der König. »Dann sag ich's euch noch mal: Bitte nur zu zweit auf die Straße.«

»Bis gerade waren wir das.«

»Kommt mir nicht so. Bitte geht heim.«

»Wir wissen nicht, was wir zu Hause machen sollen.«

»Ja«, entgegnete der kleine dicke König, »Homeoffice.«

»Ich bin Bauer, Majestät.«

»Dann mach das von zu Hause.«

»Was? Kartoffeln pflanzen?«

»Ja.«

»Wir ham Parkett«, sagte die Frau.

»Ich rufe hier gleich die Palastwachen«, erwiderte der König.

»Das wird die Lage bestimmt verbessern«, sagte der Mann.

»Boah«, sagte der kleine dicke König und entfernte sich zügig. Aber auf seinem Weg zum Krämerladen dachte er: Alles gar nicht so leicht! Wenn wenigstens Schnee läge. Aber so ist der Mensch. Eben menschlich. Eigentlich Gott sei Dank. In Schlabunsen ist Gott übrigens kein Mann mit weißem Bart, sondern ein ziemlich zynischer, nach Zuckerwatte riechender Fregattvogel, aber das ist momentan ohne Belang.

Der kleine dicke König betrat den Krämerladen. Das Windspiel über der Tür bestand aus lebenden Brüllkäfern an Kordeln, und sie klangen heiser. Es musste ein langer Tag im Einzelhandel gewesen sein.

»Huhu, Krämer.«

»Huhu, kleiner dicker König«, kam es dumpf zurück.

»Wo bewahrt er die Chargen Bananenmilch auf?«

»Direkt neben der einen Rolle Klopapier. Da, wo die vier bewaffneten Wachen stehen.«

Der König beäugte den Krämer. »War er beim Friseur?«

»Nein«, erwiderte der Krämer. »Ich habe einen Eimer auf dem Schädel.«

»Jetzt sehe ich es auch.«

»Es soll gegen die Seuche helfen.«

»Und? Hilft es?«

»Keine Ahnung.«

»Ich wünschte«, seufzte der Krämer, »die Bürger würden sehen, was wir für sie leisten. Ich mache hier gerade alles. Sogar Haareschneiden.«

»Ernsthaft?«, fragte der König.

»Ja. Nehmt Platz. Ich zeige es euch.«

Und so bekam der kleine dicke König über seinen Umhang einen Umhang umgelegt und die Haare geschnitten. Es ging verhältnismäßig zügig.

»Und?« Der Krämer legte die Schere weg. »Wie findet Ihr es?«

»Mega beschissen«, sagte der kleine dicke König.

»Ja«, erwiderte der Krämer. »Bald werde ich besser sein. Wenn ich dazu komme. Ihr wisst schon. Die ganze Arbeit, das Haare schneiden, das Tier vorm Laden.«

»Welches Tier vorm Laden?«

»Na, das Tier. Ist mir vor Kurzem zugelaufen.«

Sie traten ins Freie. Neben der Tür stand ein knapp neun Meter hoher, zwanzig Tonnen schwerer Koloss. Er leuchtete im Dunkeln. Seine gigantischen Ohren wedelten, sein Rüssel spielte mit dem Straßenstaub.

»Tach«, sagte das Tier, »ich bin der SYSTEMRELE-FANT.«

Ich weiß, das kommt jetzt 'n bisschen abrupt.

»Hoheit«, sagte der Systemrele-Fant, »Bei allem Respekt …«
Der kleine dicke König blickte nach oben, in die kleinen Augen über ihm, und dachte daran, dass noch kein Vortrag je schön

gewesen war, der mit »Bei allem Respekt« begonnen hatte, und Tatsache: »Bei allem Respekt« sagte der Systemrele-Fant, »der Grund, warum Ihr mich beim Reinkommen nicht gesehen habt, war, dass Euch nicht interessierte, ob ich da war, weil Ihr mich nicht brauchtet. Aber jetzt bin ich da. Und ich bin relevant. Wie alle, die gerade jetzt noch mehr arbeiten als sonst schon, was wir als gegeben hinnehmen, ohne die aber niemand leben und überleben kann, die Krankenschwestern und Krankenbrüder, Krämer und Krämerösen, Heilerinnen und Heiler, die Paketbring-Jürgens und die Paketbring-Susis, die Frontleute eben –, die sind das Brennholz dieser momentanen Krisengesellschaft, die sollten wir ehren, gerne 'ne Minute oder zwei, und dann sollten wir sie *bezahlen*, richtig gut bezahlen, denn Anerkennung ist gut, aber Anerkennung, die man in ein Schnitzel umtauschen kann, ist noch besser. Also, kleiner dicker König, macht die Augen auf und tut was, bezahlt gut, sorgt für ihre Sicherheit – und dann geht wieder in den Palast und schließt die Tür und lest dieses Zyklopenbuch, aber nur, wenn Ihr den ersten Teil gelesen habt, sonst kapiert Ihr null. Danke fürs Zuhören, musste mal raus, nix für ungut. Fragen bis hierhin?«

»Nein«, sagte der kleine dicke König.

»Aber ich«, erwiderte der Systemrele-Fant. »Welcher Vollidiot hat euch die Haare geschnitten?«

Und so kam es, dass der kleine dicke König die schwer arbeitenden Menschen in diesen schweren Zeiten für immerdar mit Gold überhäufte, sie umsorgte, lobte und beschützte und sie fortan nur noch als das bezeichnete, was sie immer schon gewesen waren: die tragenden Säulen des Königreichs Schlabunsen. Was niemanden verwundern sollte. Das hier ist immerhin ein Märchen.

Teil 2

Die Pandemie-Papiere

Omikron
Dezember 2021

Ich lasse mich ja von der derzeitigen schlechten Laune nicht anstecken. Alles schön.

Die Vorboten der heiligen Weihnacht 2021 scharren mit schrundigen Füßen auf der Schwelle, es duftet allerorten nach Backwaren, und was gleitet denn da gelöst muhend durch den Kamin? – Eine verfrühte Bescherung: Omikron! Ich weiß nicht, welcher kleine dicke Schlaufuchs sich immer diese duften Namen ausdenkt, aber ich finde, diesmal hat er sich selbst übertroffen. OMIKRON. Das klingt wie ein Transformer, der sich in eine Großmutter verwandeln kann. Noch weiß man ja nicht viel über das neue Virus, aber ich nehme an, man infiziert sich durch die klassischen Omi-Verhaltensweisen.

»Junge, nimm dir noch Nachschlag, ich hab den ganzen Tag am Herd gestanden, du bist doch nur noch Haut und Knochen.« – Zack, angesteckt.

Ist doch wahr. Omikron.

Aber ich sag Ihnen mal was: Dieses Jahr wird auch eine Pandemie nicht verhindern, dass wir alle schöne Weihnachten haben. Alle wichtigen Prozesse sind im Hintergrund bereits angelaufen: Dubiose Subunternehmer haben jetzt schon Paketfahrer so weit eingeritten, dass die 600 Päckchen am Tag schaffen, während sie auf der A2 aus Zeitgründen ins Handschuhfach pullern. Die übergebliebenen Weihnachtsmärkte haben alles an entstellten Nussknacker-Zyklopen in den Markt gepumpt, die Geistlichen schauen schon, wie sie für die ganzen Weihnachtsmessen hippe Themen wie die bipolare Störung von Kanye West in ihre Predigt gezimmert kriegen, damit auch die Kids in ihrem Kapuzen-Wams von Wellensteyn so was murmeln können wie »stabil, der Pastor, fühl ich«, und noch der letzte Spinner hat sich ohne Not mehrere Klafter Spekulatius in die Hütte geholt, das wirklich überflüssigste Gebäck überhaupt. Viele wissen das ja nicht, aber es geht auf den heiligen Sankt Spekulatius zurück, der sich damals im Präspetriatsgestüt Heiliger Anton zu Weihkirch am Schlenz in Gottes Gnaden als Knecht für alle Fälle verdingte, als ihm eines Tages, ganz kurz vorm Fest, die Idee kam, für die Ärmsten der Armen eine knusprige Nascherei zu ersinnen. Also kloppte er unter einer Wolke unkeuscher Gedanken Mehl und Sägespäne in eine Form aus Rindertalg und rieb mit blanken Händen Zimt und Gewürznelken hinein, jene Gewürze, die außerhalb des Dezembers noch jedes seriöse Gericht in einen geschmacklichen Auffahrunfall verwandelt haben, und buk sie über einer Flamme. Die erste dieser porösen, noch dampfenden Gewürzscherben gab er seinem treuen Hund, einem Damaszener-Bullterrier-Dalmatiner-Dackel-Koyoten-Backenhörnchenmischling namens Lola, die das Ding fraß, den haselnussbraunen Blick in den Himmel richtete und sich dann scheppernd erbrach. Und so wurde dem heiligen Spekulatius klar: Für Weihnachten reicht's.

Also fertigte er Formen an. Über die Jahrhunderte rätseln seitdem die Menschen: Was soll dieser Spekulatius darstellen: Moses? Einen Esel? Einen Braunkohlebagger? Chucky, die Mörderpuppe? Schwer zu erkennen, schwer zu verdauen, alles nicht so schön.

Aber was soll's. Alles ist gut. Wir besinnen uns einfach

auf uns selbst. Lasst uns innehalten, auf dem Sofa sitzen mit unseren kreischbunten ironischen Weihnachtspullovern, die ohnehin aus Guangdong in China, und da aus einer Fabrik am Ufer eines Flusses mit radioaktiven Aalen kommen, weswegen die Pullis so ausgasen, dass man denkt, man hätte Crack geraucht, und an Heiligabend gibt es ganz bescheiden Kartoffelsalat mit Würstchen. Tipp: Den Kartoffelsalat bloß nicht selber machen. Der muss ja durchziehen. Wenn Sie den fertig kaufen, hat er bereits in der Industriehalle durchgezogen, stumpf in einer düsteren Ecke. Und dann noch mal episches Durchziehen auf dem Lkw. Und im Supermarkt hat der dann so intensiv und nachhaltig durchgezogen, dass er eins ist mit sich und dem Universum, und wenn Sie den dann zu Hause ploppend öffnen, ist er ganz kurz davor, fernöstliche Weisheiten rauszuhauen, so sehr ruht der in sich selbst, der Kartoffelsalat.

Mensch, freu ich mich auf Weihnachten! WIR MACHEN ES UNS SCHÖN!

Am ersten Feiertag gehen wir alle spazieren in unseren federleichten Daunensteppjacken, von denen die Verkäuferin meinte, man könnte die ganz klein zusammenknüllen und in einen winzigen Beutel tun – was ungemein praktisch ist, denn in so einem kleinen Beutel kann man seine Steppjacke dann unbemerkt, was weiß ich, in seinem Enddarm in eine kolumbianische Haftanstalt schmuggeln, was immer noch besser ist, als sie anzuziehen, weil man dann aussieht wie eine sprechende Luftmatratze, aber so sind wir eben.

Weihnachten. Letztes Jahr Lockdown. Dieses Jahr Omikron. Was für ein Name. Warum nicht *ein*mal im Jahr was Niedliches: WIR HABEN EINE VÖLLIG NEUE MUTATION!

Wir wissen wenig über sie, ABER sie heißt Flauschpupsi. Komm.

Schluss jetzt. Sammeln wir uns. Weihnachten. Atmen wir durch. Ein paar Tage weniger Nachrichten, und seltener aufs Handy blicken. Ich rege mich nicht mehr auf. Lebe im Hier und Jetzt. Ich bin hier. Jetzt. Gut, laut der Luca-App bin ich außerdem seit 4500 Stunden in einem Café am Ku'damm, aber darum kümmere ich mich im nächsten Jahr.

Öl

März 2022

Merken Sie selbst an sich, dass Sie eine leichte Tendenz zur Hoffnungslosigkeit verspüren? Also schon schlimm genug, um nicht gut zu schlafen?

Ja? Müssen Sie nicht. Ihr abendliches Gedankenkarussell wird nämlich bald derartig hohe Energiekosten haben, dass Sie es eh nicht mehr betreiben können. Stephen Hawking sagte mal: »Das Leben wäre tragisch, wenn es nicht lustig wäre.«

2022 ist das Jahr, das noch mal einen draufsetzt. Corona vom Feinsten, als Pandemie mustergültig filmreif, und Krieg, und zwar nebenan und nicht in einem weit entfernten Dingenskirchen-Staat mit unaussprechlichen Kontra-Milizen, zusätzlich ein Erdbeben bei Fukushima, wo auch sonst, und für den ersten April erwarte ich dann Godzilla. Wenn's einmal läuft, läuft's. Und Diesel ist unfassbar teuer! *Diesel*! Die Kartoffel unter den Treibstoffen. Wo man bei Superbenzin an Steve McQueen und Le Mans denkt, denk ich bei Diesel nur: »Igor! Leg den Schalter um! – Ja, Meister!« Und dann muss man dem Diesel auch noch eine Art androiden Urin hinzufügen, sonst geht gar nix. Schlimm. Aber: Nicht die Hoffnung verlieren.

Weil Sie sich immer entscheiden können, angemessen zu handeln. Beispiel: Reden wir über was Unverfängliches. Speiseöl.

Ich verstehe, dass Sie da draußen jetzt versuchen, Speiseöl zu bunkern und zu horten. Ich bin da wie Sie. Nur allzu oft mäandere ich in den Südflügel von Sträter Manor und lasse den Kastellan die Speiseölfässer durchzählen. Und wenn der Vorrat auf unter 70 Barrel sinkt, lasse ich ihn durchaus mal strammstehen. Nicht unfair in der Wortwahl, aber bestimmt im Ton. »Das muss im Hause aufhören«, sag ich ihm dann häufig, »dass wir nur zum Pläsier der Kaltmamsell komplette Elche in Kesseln frittieren.« Öl wächst ja nicht auf Bäumen, beziehungsweise im Fall von Olivenöl: doch. Sie merken schon: Ich hab ’n Spaß gemacht. Wir bewahren die Fässer natürlich im Lebensmittelhangar auf und nicht im Südflügel. Ernsthaft jetzt: Speiseöl ist schon wichtig. Zum Braten zum Beispiel. Und zum Braten. Und für Mayonnaise. Und zum Braten.

Und ja: Sie können durchaus Speiseöl in den Tank Ihres Fahrzeugs kippen. Das geht ohne Weiteres. Egal ob Sie da Erdnuss-, Raps- oder Sonnenblumenöl nehmen, das ist gleichermaßen gut zum Betanken geeignet. Sie sollten dann nur nicht mehr mit dem Fahrzeug irgendwo hinwollen. Aber reinkippen: kein Problem. Sie können sich auch zwei Zentner Schoko-Crossies in den Fußraum schütten. Sie kommen dann halt schlecht an die Pedale. Anders: Es gibt gerade kein Öl, okay? Und bestimmt ist Ihr Bedarf immens hoch: Als Gleitmittel beim Sex natürlich, weil’s dann bei ruckartigen Bewegungen immer so lecker nach Hackbraten riecht. Oder als Lampenöl, weil’s schlecht brennt, dafür aber raucht wie Sau. Und Öl ist, pur genossen, stark abführend. Und deswegen versuchen dieselben Leute, die 2020 wie die Hunnen eiffelturmgroße Batzen Scheißhauspapier gehortet haben, es eben jetzt mit Öl, vermutlich um die ganzen Klopapierbestände wieder runterzufahren.

Was soll ich sagen? Schlimm. Braten Sie Ihr Kotelett mit

Pomade. Es gibt trotzdem Hoffnung. Klar, es gibt auch keine Nudeln. Dann machen Sie die eben selbst.

Hier das Rezept:

400 Gramm Mehl.

200 ml Wasser.

Bisschen Salz.

Und Speiseöl.

Scheiße. Vergessen Sie's. Müssen wir eben warten, bis die Nudelbergwerke von Helms Klamm wieder arbeiten.

Darum geht's auch gar nicht. Sondern um Hoffnung. Sicher, es ist Krieg. Aber Sie können helfen. Hier. Hoffnung ist in Ihnen drin. Immer. Beispiel. Ich war neulich im Supermarkt, und an der Kasse hingen Tütchen mit Samen. Auf der Tüte ein Foto von Möhren. Das ist Hoffnung. Denn diese Tüte enthielt keine Möhren. Absolut nicht. Nicht mal so was Ähnliches. Auf der Tüte hätte stehen sollen: *Samen für, wenn's gut läuft und Sie sich nicht wie ein kompletter Idiot anstellen, potenziell vielleicht Möhren. Bitte Wasser, Erde, Luft, Sachkenntnis und Umsicht hinzufügen. Dann möglicherweise Möhren. Sonst nicht.* Aber wir gehen davon aus: Werden Möhren. Das ist im Prinzip so, als stellte ich Ihnen jetzt 'n Becher Sperma hin und sagte: *Das ist Joachim. Er ist Fahrlehrer, spielt Siedler von Catan und fliegt einmal im Jahr für drei Wochen nach Teneriffa. Vollpension, Getränke extra.*

Es funktioniert trotzdem. Durch Hoffnung machen wir Dinge möglich. Dadurch endet erst mal kein Krieg, klar, Tanken wird nicht billiger, und Nudelteig ohne Öl entfernt Ihnen sämtliche Füllungen im Maul, wir sprechen dann von sogenannter Zahn-Pasta. Und wenn es demnächst heißt: Ende aller Corona-Maßnahmen, bin ich der Erste, der zwei Masken übereinander trägt. Aber deswegen die Hoffnung fahren zu lassen, ist falsch und tut Ihnen nicht gut. Sie können als Mensch so gut sein, wie Sie wollen. Seien Sie die beste Version von sich.

Hoffnung ist eine gute Sache, vielleicht die beste von allen, und gute Dinge sterben nie. Dieses Zitat ist übrigens nicht von Stephen Hawking, sondern von Stephen King. Und wenn man bedenkt, dass sich auch sonst grad alles anfühlt, als wäre es von Stephen King, heißt das schon was.

Gurken!

April 2022

Mir hat neulich einer gesagt: Du lebst auch nur, um dich aufzuregen, Sträter. Quatsch. Ich bin doch super-sachlich.

So. Wissen Sie noch, als ich vor vier Wochen sagte, dass Speiseöl knapp wird? Das klang schon recht apokalyptisch, aber die Lage hat sich seither zugespitzt.

Gurken sind seitdem dreißig Prozent teurer geworden. Das ist auch für mich eine rote Linie.

Ich kann so manches wegstecken, gewiss, aber dreißig Prozent?

Ich hab zu Gott, dem Barmherzigen, gebetet, er möge durch die dunklen Umstände in der Welt jedweden Artikel verteuern, wie es ihm in seiner allmächtigen Draufsicht behagt, aber bitte, hab ich in meinem kargen Rückzugsraum gewimmert, bitte LASS DIE GURKE ERSCHWINGLICH BLEIBEN, JETZT UND IMMERDAR! UM MEINETWILLEN MACH BENZIN SO TEUER WIE DRUCKERTINTE, UND GOLD SO RAR WIE MEHL, DOCH LASS DEINE HIMMLISCHEN LIPPEN NICHT DEN GURKENPREIS AUFBLASEN. WIE VIEL SOLLEN WIR DENN NOCH ERTRAGEN?! Die Stimmung kippt. Die meisten Gurken-Boutiquen im Emsland kriegen schon vor Wut die Schaufenster vollgerotzt, als könnten sie was für die Mondpreise, und der Schwarzmarkt blüht im Verborgenen. Allzu oft wird man auf Rastplätzen angesprochen von Männern mit Beule in der Hose – Gurkenschmuggler! Fallen Sie nicht darauf rein! Denn stets wird die Ware hektisch und im Dunkeln präsentiert, und später stellt man dann fest:

Was der Mensch da aus der Hose gezogen und verkauft hat, war gar keine Gurke, sondern ein angemalter Blauflossen-Thunfisch. Diese Welt ist ein finsterer Ort geworden. Ehrlich gesagt, esse ich kaum Gurken. Ich wollte mich nur mal aufregen. Denn wie Spargel sind Gurken im Prinzip pimmelförmiges Wasser, Geschmacksrichtung warmer Händedruck, und hundert Gramm haben fünf Kalorien, also so viel wie Einatmen. Unsexy. Schokolade, auch so ein Aufreger gerade, ist hingegen sehr sexy. Und ich rede nicht von dieser von Diät-Propheten empfohlenen dunklen Schokolade mit mindestens neunzig Prozent Kakaoanteil. Da habe ich eine klare Meinung zu. Aber reden wir im Dienste der Sachlichkeit nicht über meine Meinung, sondern über die entsprechende Harvard-Studie, die Professor James P. W. Henderson 1998 mithilfe der Bostoner Bevölkerung anstellte. 75.000 Probanden wurden mit Proben verköstigt – vierzig Prozent mit Schokolade mit neunzig Prozent Kakaoanteil, fünfunddreißig Prozent mit Sägespänen, und die restlichen Leute haben gar nicht erst mitgemacht. Aus der Gruppe mit der Schokolade sagten fünfundneunzig Prozent, das schmecke scheiße, und die restlichen fünf Prozent haben direkt gegen Sägespäne getauscht. Und ja, das habe ich mir ausgedacht. Na und? Wer isst denn so was? Diese dunkle 90-Prozent-Schoki wird ausschließlich von Religionslehrern verzehrt, nein GELUTSCHT, immer nur so ein kleines Stück, weil man's ja genießen muss, das ist ja DIE GUTE SCHOKOLADE, und im Hintergrund läuft ein Herman-van-Veen-Themenabend auf Arte. Das ist doch kein Genuss. Dunkle Edelschokolade ist wie eine Hodenenthaarung mit kochendem Wachs. Irgendwie gönnt man sich was, aber schön ist es nicht. Wer so was isst, stopft sich morgens auch krachend eine Faust Kaffeebohnen ins Maul.

Ich rede bei Schokolade ausschließlich von Vollmilch, also das vage nach Schoko schmeckende Zucker-Fett-Gemisch, flach, vierkant, billig. Schlimm, gewiss, aber das liegt allein in meiner, und Achtung, jetzt kommt das Zauberwort der nächsten fünf Wochen: *Eigenverantwortung*.

Beruhigend: Ich war in Berlin unterwegs – im KaDeWe, dem Karstadt der Geissens. Ich habe Maske getragen, und zumindest im KaDeWe war ich in der Unterzahl, andererseits glaube ich aber auch, dass Viren allein bei Augenkontakt mit dem Sicherheitsmann vorm Rolex-Store absterben. Ich hab's mir recht mühevoll angewöhnt, Maske zu tragen, vor allem die luftdichten FFP2-Tröten, und ich denke, ich brauche eine gewisse Zeit, mir das auch wieder abzugewöhnen, und in der Zeit würde ich mich ungern anstecken. Immerhin: Ich musste nur zweimal in vier Tagen folgenden Dialog führen:

Fremder: »Ey, wir haben keine Maskenpflicht mehr.«

Ich: »Deswegen hab ich eine auf.«

Ich lebe meine Eigenverantwortung auf anderen Ebenen aus. Ich spüle zum Beispiel nicht mehr nach dem WC-Gang. Ich denke, dass es für den allgemeinen Verrottungsprozess von Ausscheidungen unerheblich ist, ob der in der Kanalisation stattfindet oder prominent angerichtet in der Keramik, quasi als Mahnmal meiner Fehlernährung. Ich werde auch nicht mehr alle vierzehn Tage unter die Sonnenbank gehen, sondern nur einmal im Halbjahr, dann aber für vier Stunden am Stück, denn ich hätte gern mehr Kruste.

Ich hol mir jetzt 'ne Bahncard 100. Aber ich fahre kein Zug! Da werden die bei der Bahn dumm gucken. Und ich kaufe mir einen Pavian. Ich wollte schon immer ein grundlos aggressives Haustier, irgendwas, das rumschreit wie bekloppt, mit knallrotem Arsch, und nachts auf die Möbel eindrischt.

Wobei das irgendwie einseitig dargestellt ist. Paviane dreschen auch tagsüber auf Möbel. Nach 'ner Woche bin ich dann in der Rangfolge unter ihm und muss dem Pavian Cupcakes backen bis zur Erschöpfung, aber das ist allein meine Entscheidung. Ich rede so lange auf Sie ein, bis meine fünf Minuten um sind. Mir kleben nämlich bei aller Verknappung von Gurken, Öl und Selbstkontrolle dummerweise die Bilder der Toten aus diesem Vorort Kiews im Gedächtnis. Ich hatte den Fehler gemacht, mir die zu genau anzusehen. Und das überlagert so ziemlich jede Beobachtung der letzten Wochen. Das ist das Grauen. Das alles andere zu Wohlstandsgejammer macht, aber da kann man nichts Launiges drüber schreiben, wahrhaftig nicht, ich zumindest nicht, dafür bin ich dann doch nicht smart genug. Ich habe neulich ernsthaft gedacht: Wie viel PS hat eigentlich 'n Pferd? Was ich sagen will: Alles wird teurer, das ist sehr ärgerlich, aber es stimmt nicht, dass ich nur lebe, um mich aufzuregen. Es ist einfach nur leichter, sich aufzuregen, wenn man lebt.

Gelassen bleiben

Januar 2022

Frohes neues Jahr!
Haben Sie sich schon gefragt, was uns das Jahr 2022 bringt? Ich nicht. Ich habe absolut keine Erwartungen an dieses Jahr. Ich praktiziere Stoizismus. Sie wissen schon: Marc Aurel, Seneca und Konsorten. Große Denker.

Der Kern des Stoizismus lautet stark vereinfacht: Sofern wir etwas nicht beeinflussen können, ist es müßig, zu leiden. Und Einfluss haben wir ohnehin nur auf unsere Gedanken und Handlungen, sonst auf nix. *Das* ist der Weg. Ich schaue fast keine Nachrichten mehr.

Warum auch? Gerade gelesen, man erwarte, dass sich fünfzig Prozent der EU-Bürger mit Corona infizieren. Und das sagte nicht etwa Thanos, sondern die WHO. Nun: Dann wird dem wohl so sein.

Stoiker zu sein, heißt, Unabänderliches zu ignorieren. Konzentrieren wir uns auf die Vereinfachung. Es passieren ja auch gute Sachen.

So haben wir begonnen, an Silvester das Böllern zu verbieten. Nein, eigentlich nicht. Wir haben den Verkauf von Böllern verboten. So können deutsche Böllerhersteller in Ruhe Insolvenz anmelden, während die üblichen Gestalten mit dem SUV an die polnische Grenze sausen, um im Zwielicht des Straßenrandes von einem mysteriösen Lolek mit Augenklappe selbst gebackene Kanonenschläge zu erwerben. Um null Uhr vier beginnt der Käufer dann das neue Jahr, indem er »PUFF-BUMM-PUFF« seine gute Onanistenhand in fünf Kilo grobe Mettwurst verwandelt – aber warum sich darüber aufregen? Warum?

Gelassen bleiben.

Sicher, ich finde nicht, dass ich mich da je drüber aufgeregt hätte, aber ich finde, man sollte Knäckebrot das Prädikat »Brot« aberkennen. Denn das ist es nicht. Es ist vielmehr ein instabiler Roggenbausatz für Menschen, die gar nichts mehr brauchen, und es hat nur deswegen so wenige Kalorien, weil einem beim Reinbeißen fünfundachtzig Prozent der Knäckebrotscheibe sofort wegbrechen, aufs Laminat stürzen, um dort zu zerschellen und zum Leib Christi zu werden, Dust in the Wind, die Nebel von Avalon. Knäckebrot ist eine einzige staubige Sollbruchstelle, die Glasknochenkrankheit als Mahlzeit. Hier noch mal ein kleiner historischer Lebensmittel-Abriss: Historisch gesehen war Knäckebrot ein nordischer Invasorensnack, denn die Wikinger konnten aus Platzgründen keine klobigen Sauerteigmonolithen mit auf Brandschatz-Butterfahrt nehmen, weswegen sie sich Getreidepucks vorn in ihre Lederschlüpfer schoben, und dann wurde gen Britannien gesegelt, und da muss man die Wikinger auch ein bisschen verstehen: Wenn Sie 24/7 scharfkantige Getreidesplitter an den Hoden haben, zünden Sie auch alles an. Aber ich esse das ja nicht.

Kommen Sie zur Ruhe. Sie brauchen fast nichts.

Seien Sie gelassen. Wir wuseln hin und her, was mach ich jetzt, was mach ich jetzt? Ganz ruhig. Weniger ist mehr.

Sie können jedes, aber auch wirklich jedes Gespräch bestreiten, wenn Sie lediglich diese vier Sätze einstreuen:

1. Das würde ich jetzt mal so stehen lassen.

2. Du hast aber auch so ein Talent.

3. Dafür müssen Sie sich nicht schämen.

4. Hast du schlecht geschissen oder was?

Das ist alles, was Sie brauchen. Und bei allem anderen antworten Sie: Blödsinn.

Ich zum Beispiel bin neulich gefragt worden:

»Sach mal, hast du jetzt Schilddrüsen unter oder nicht unter, also Überfunktion?«

Ich antwortete: »Umluft.« So was gibt Raum für tiefe Gedanken.

Gelassen sein. Nehmen, was da ist.

Ich sehe wieder mehr fern. Ganz altmodisch. Aber sehr selektiv. Eigentlich nur eine einzige Sendung: ACHTUNG KONTROLLE!. Tun Sie das bitte auch. Es gibt nichts Besseres. Vor allem die Folgen vom Zoll am Flughafen Melbourne. Da lernt man: Der Mensch ist schlecht. Überarbeitete Beamte reißen Einreisenden die Koffer auf, finden neun Kilo Heroin in Bobbycar-Reifen oder entdecken, dass das nette chinesische Rentnerpärchen verbotene Lebensmittel einführen will. Also nach Australien. Fantastisch.

Die alten Herrschaften stehen da, nur die Frau spricht, sie zieht einen geblümten Rollkoffer auf und darin sind vier tiefgefrorene Warane! Klarer Fall von Eigenbedarf. Ich sitze vorm Fernseher und rufe SO GEHT'S JA MAL NICHT! Andere Länder, andere Sitten, okay, aber dann rieseln der Frau auch noch irgendwelche scharfen Gewürze aus den Ärmeln, keiner sieht irgendwas ein, die Situation verkantet, der Zöllner wird immer unwirscher, wendet sich an den älteren Herrn, der aber auf nix reagiert, und dann zieht der Zöllner dem Mann die Mütze vom Kopp und wir sehen, das ist gar kein chinesischer Rentner – sondern eine als Oppa verkleidete einsachtzig große Ginseng-Wurzel auf Kufen, wie perfide ist das denn, ich liebe diese Sendung. Es gibt nichts, was mich mehr zu mir selbst bringt, als teilbekleidet mit 'nem kniehohen Eimer Flips auf dem Sofa zu hocken und Zöllnern beim Asiaten-Stigmatisieren zuzusehen. Nichts erwarten, viel bekommen. Weil man auch bei wenig bekommen viel bekommt, wenn man nix erwartet.

2022 ist das Jahr, wo wir den Dingen ihren Lauf lassen sollten. Es kommt, wie es kommt. Die guten wie die schlechten Dinge. Man hat vor Kurzem einem Menschen erstmals ein Schweineherz implantiert. Ein Meilenstein. Die Zeitung sofort: WERDEN SCHWEINE JETZT ORGANSPENDER FÜR UNS? Ich lese das und denke: Nä.

Dann fällt mein Blick auf die Bratwurst in meiner Hand, und ich denke: Du hast aber auch so ein Talent.

Na ja. Ich bin gelassen. Ich bin schon deswegen gelassen, weil ich sonst dauernd denke: WAS SOLL DAS HEISSEN, FÜNFZIG PROZENT WERDEN SICH INFIZIEREN? HABT IHR DEN SCHUSS NICHT GEHÖRT? SOLL MICH DAS ZU IRGENDWAS MOTIVIEREN ODER WIE? DANN TUT GEFÄLLIGST WAS! WENN ICH NOCH 'N PAAR IMPFUNGEN KRIEGE, KANN MAN BALD BLOCKFLÖTE AUF MEINEM OBERARM SPIELEN! ICH BIN GELASSEN! MIR HAT ZWAR HÖCHST SELTEN EIN JAHRESBEGINN SO KAPITAL IN DIE STIMMUNGSLAGE GEKOTET WIE 22, UND ICH BEMÜHE MICH, EIN GUTER, RUHIGER MENSCH ZU SEIN, ZUM BEISPIEL, INDEM ICH LEUTEN, DIE DAUERND »IM ENDEFFEKT« SAGEN, KEINEN KNÜPPEL MEHR DURCHS

FRESSBRETT ZIEHE, ABER JETZT WIRD'S ZEIT, DASS WIR ALLE MAL EIN BISSCHEN SO GELASSEN WERDEN WIE ICH, UND ZWAR ZÜGIG!

Oder anders. Bitte sprechen Sie mir nach:

Ich bin überaus gelassen. Meine Seele spürt keinen Schmerz.

ABER WAS IST DAS ALLES SCHON WIEDER FÜR EINE SCHEISSE?!

Lockdown

April 2021

Ich bin ja, wie meine Kolleginnen und Kollegen, nicht systemrelevant. Ist erst mal okay für mich. Die Systemrelevanten sind die, die unsere Eintrittskarten kaufen und berufsbedingt gelegentlich zu müde sind, spätabends fernzusehen. Verstehe ich. Andererseits: Dafür, dass uns von irgendwelchen Heiopeis immer unterstellt wird, dass die Regierung uns vorgibt, was wir zu sagen haben, hält sich die Regierung momentan ganz schön bedeckt, was uns Kunstschaffende angeht. Also ich höre nix. Das Einzige, was ich höre, ist, dass ich auch hier nix höre. Keiner da. Nun ja. Da isser also wieder, der Lockdown. Mindestens vier Wochen. Kernfrage: Was kann ich tun? Für Sie! Nun: Hier elf Tipps für den Lockdown.

1: Lesen Sie weniger Zeug im Internet. Was die Corona-Krise betrifft, herrscht gerade dort eine massive Überinformation. Nie wussten wir mehr über ein Virus, über das wir nichts wissen. Da ist atemberaubend viel Meinung. Tipp: Lesen Sie stattdessen ein Buch. Ich empfehle was von Ken Follett. Nach der Lektüre von dreihundert Jahren mittelalterlichen Kathedralenbaus in Echtzeit denken Sie nicht mehr an Corona. Sie sind einfach froh, dass Sie Strom haben.

2: Soll's ja immer noch geben, deswegen: Falls Sie denken, dass Covid-19 nicht existiert – einfach mal spaßeshalber anstecken. So finden Sie auch heraus, ob Vorerkrankungen vorliegen. Oder warten Sie, ich korrigiere. Nicht machen.

3: Nehmen Sie sich stattdessen bitte die Minute und laden die Corona-App runter. Ich will einfach nicht der Einzige sein, der die hat. Die hat immerhin sechzig Millionen Ocken gekostet. Wissen Sie: Es ist einerseits schön, in der App keine Risikokontakte angezeigt zu bekommen, aber andererseits bin ich auf der »Alarmstufe Rot«-Künstlerdemo in Berlin mitgewandert und hatte danach NULL Risikokontakte, und das ist irgendwie auch enttäuschend. Sehen Sie die Corona-App einfach als eine Art POKÉMON-GO für Erwachsene. Dann geht's. Danke.

4: Stichwort: Risikogebiet. Berlin Risikogebiet. Ganz NRW Risikogebiet. Alles Risikogebiet. Risikogebiet ist ein wuchtiger Begriff. Klar gesagt: Zum Risikogebiet werden Regionen durch den Besuch von Godzilla. Will sagen: Sehr große Echse – nicht einkaufen gehen. Alles andere sind Regionen, in denen ich Sie bitte, sofern Ihre Arbeit dies zulässt, sich unbedingt an die Hygiene- und Abstandsregeln zu halten.

Mit Disziplin kriegen wir die Pandemie-Scheiße in den Griff. Speziell das mit dem Abstand gilt natürlich auch für Godzilla. Klar. Aber wir haben was, gegen das wir kämpfen können, und die üblichen Regeln helfen schon viel. Können Sie sich andererseits vorstellen, dass die Bundeswehr mit ihrem Resterampen-Equipment gegen eine zweihundert Meter hohe radioaktive Echse vorgeht? Obwohl, wir sind hier in Deutschland. Ein Land, in dem sich die meisten dankenswerterweise an bestimmte Regeln halten. Deswegen würde Godzilla aus der Nordsee steigen, einen städtischen Rasen betreten und vom Grünflächenamt Emden aus dem Verkehr gezogen. Ich beiße mich hier schon zu lange an der Godzilla-Sache fest, oder? Weiter.

5: Start-up-Idee fürs Homeoffice: Online-Tapeten. Du stellst das Tapeten-Motiv auf deine Website, Zugang kostet 9,90 Euro, der Kunde wählt sein Lieblingsmotiv – und kann's direkt selbst zu Hause ausdrucken! 32 Blatt DIN A4 ergeben eine Bahn. Und wenn du 'ne komplett weiße Tapete haben willst, nimmst du ... äh ... direkt das Papier aus dem Drucker und kleisterst das ein. Ich überarbeite das Konzept vielleicht noch mal.

6: Lassen Sie sich nicht verrückt machen. Nichts wird so heiß gegessen, wie es gekocht wird, ein rollender Stein setzt kein Moos an, Pünktlichkeit ist die Höflichkeit der Könige.

7: Meiden Sie zusammenhanglose Sprichworte. Speziell »Pünktlichkeit ist die Höflichkeit der Könige« ist völliger Blödsinn. Weißte: König kommt rein, lässt erst mal einen fahren, beleidigt dann jeden als dummes Arschloch, war aber um Punkt sieben da. Oder wie? Nicht Pünktlichkeit ist die Höflichkeit der Könige – Höflichkeit ist die Höflichkeit der Könige. Brot ist das Brot des Künstlers, und wo Rauch ist, ist auch Feuer – außer da ist nur Rauch. Dann nicht. Ich schweife ab.

8: Wo wir gerade von Brot und Künstlern reden: Wenn Sie wie ich Komiker-Unterstrich-In sind und grad wenig zu tun haben, noch ein Tipp: Die einzige Bühne, die grad geht, weil immer offen und immer ausverkauft: Schulen. Klar, ist dann früh am Tag, so ein Gig, trotzdem. Ich biete mich hiermit als Erster an, eine Vortragsreihe in Schulen zu starten. Themen: Den Humor nicht verlieren, Diavortrag über unsere Theater, und zwar bevor sie verschwunden sind, also nicht wie bei den

Sauriern, und warum es nur eine mittelgute Idee ist, dieser Tage Künstler werden zu wollen. Schule als Bühne klingt hart? Nur ein Wort als Antwort: Autokino.

9: Feierabend-Tipp: Machen Sie abends, wenn die Straßen leer sind, einen Spaziergang. Also nicht alle. Dann sind die Straßen ja voll. Sie verstehen schon. Bemühen Sie sich um Abgeschiedenheit. Gehen Sie zu Ihrem Lieblingsitaliener, spähen konzentriert durch die Scheibe ... und wer im Dunkeln zuerst die Abluftanlage erkennt, hat gewonnen.

10: Pro-Tipp: Unbedingt auf Mundhygiene achten. Ich putz mir mittlerweile viermal täglich die Zähne, weil ich mich speziell am Anfang der Pandemie öfter mal gefragt habe, wer mir in die Maske gekackt hat. Will sagen: Wer den Fehler zuerst bei sich sucht, ist oft nah dran.

11: Denken Sie dran: Wir machen das alles, um das Weihnachtsfest zu retten! Also treffen wir uns jetzt nicht mit Leuten, die wir mögen, damit wir Heiligabend Leute in die Bude lassen dürfen, die wir ums Verrecken nicht abkönnen; aber so läuft das eben an Weihnachten.

Also: Wir Künstlerinnen und Künstler, und da spreche ich wohl im Namen aller, wünschen Ihnen das Allerbeste! Halten Sie durch! Versuchen wir auch. Systemrelevant oder nicht, wir machen das, um Sie zu unterhalten, und auch wenn das nicht immer funktioniert, müssen Sie einräumen: Von den vier Wochen Lockdown sind schon wieder fünf Minuten um.

Danke.

Wollen Sie das?

Februar 2021

Nun: Februar. Fazit. Wie war's bis jetzt?

Ehrlich gesagt nicht so gut. Ich hatte gerade schon wieder den allseits beliebten Schnelltest. Da wird einem ein nicht enden wollendes Stäbchen ins Nasenloch geschoben, bis man wimmert. Ich bin negativ. Gute Sache. Aber das Stäbchen haben sie diesmal so tief eingeführt, dass ich seitdem nicht mehr weiß, wie man dieses V-förmige Ding nennt, wo der Unterleib drinsteckt, wenn man zum Bäcker geht. Aber immerhin: Man macht uns bald ein Impfangebot. Offensichtlich hat die Kanzlerin im Lockdown Zeit gefunden, sich *Der Pate* anzugucken. Ach ja, die Regierung. Ich wünschte, das Finanzamt wäre für die Impfungen zuständig. Dann hätte ich in der ersten Januarwoche schon neunmal eine Kanüle im Arm gehabt, zweimal gegen COVID, einmal gegen Mumps und sechsmal gegen Zeug, dass wir noch gar nicht auf dem Zettel haben.

Aber nein. Kein Land in Sicht! Und jetzt fällt auch noch Karneval aus. Deswegen habe ich mich heute extra verkleidet, indem ich die Mütze abgenommen habe. Friseure haben zu, also rasiere ich selbst, und ich finde: super Übergänge. Trotzdem: kein Karneval! Dabei können wir das am besten! In Rio immer nur Pobacken und Trötenmusik, in Venedig spitze Hüte und Leder-Sittich-Masken, das ist nicht der Weisheit letzter Schluss. Es ist *kein* Karneval, wenn dir nicht irgendein alter Sack mit Narrenkappe auf offener Straße ein Pfund Bonbons in die Fresse wirft! Es ist *kein* Karneval ohne die Frauen in den besten Jahren, die im Biene-Maja-Schlafanzug von Primark ihren Kleiner-Feigling-Atem vor sich hertreiben, im Schlepptau postkoitale Klingonen aus Köln Porz, und gemeinsam schlagen sie eine schillernde Schneise bunter Verwüstung durch den Ort. Gibt's aber nicht. Abgesagt! Sehr schade! Sehr. Und das bringt mich zum Punkt! Ich frage Sie: Wenn es jetzt plötzlich heißen würde: So, Ende aller Maßnahmen, COVID ausgerottet, ab Freitag können Sie wieder tun, was Sie wollen – WÄREN SIE BEREIT? Ernsthaft jetzt!

Wären Sie bereit? Oder käme das zu abrupt?

Ich meine, wir haben unseren halbwüchsigen Blagen mühevoll eingetrichtert, dass nix ist mit Beachparty und Freunde treffen und Chicas und Bier und Musik, die keiner versteht, also quasi, dass »Party machen« in Corona-Zeiten bedeutet: Kollege, nimm dir 'n Cracker oder geh in 'n Keller zum Onanieren, wenn's geht in den Keller vom Nachbarn, und ansonsten mach Homeschooling. Wobei der digitale Unterricht in vielen Fällen wirkt als betrachte man eine Handyübertragung aus dem Heizungskeller einer Forschungsstation am Polarkreis, denn das Gegenüber hat eine 4-Pixel-Kamera, und sie fragt sich: Ist das meine Religionslehrerin, ein Spiralnebel oder Fantomas? Also: Wollen Sie, dass diese auf Enthaltsamkeit gedrillten jungen Menschen wieder auf die Öffentlichkeit losgelassen werden?

Wollen Sie ernsthaft ab sofort wieder auf überfüllte Rockkonzerte gehen, wo uralte Leute, die es gar nicht nötig hätten, Lieder spielen, die man schon kennt, und zwar so laut, dass Ihnen die Augen tränen, Sie nach vorn taumeln und nach zehn Zentimetern von der Achselhöhle eines erregten Osteopathen aus dem Harz gebremst werden?

Wollen Sie wieder in Hallenbäder, diesen Jurassic Parks für Pilzerkrankungen, wo Ihnen auf Nabelhöhe eine sehr weiche Omi mit Gummiseerosen auf dem Schädel ins Gemächt krault? Wollen Sie vierzig Minuten warten, bis sich die kichernden Masturbanden in der Sammelumkleide gegenseitig mit dem Pümpel in die Röhrenjeans geholfen haben?

Wollen Sie auf die Kirmes, um sich für acht Euro pro Quadratzentimeter Anschaffungspreis frittierten Vierkant-Rochen mit Remoulade reinzuzimmern, und danach zum Gemeinschaftsbrechen in den Autoscooter, der einzigen überzeugenden Simulation der Reichweite von Elektrofahrzeugen?

Wollen Sie wieder in Freizeitparks, wo Parken zehn Euro und der Eintritt für die Familie so viel kostet wie ein russisches U-Boot, und wo Sie als Themenwelten für die Kinder überhaupt keine bekannten Figuren vorfinden, sondern lediglich aus Lizenz- und Kostengründen selbst erdachte, beunruhigende Fantasie-Kreaturen wie »Hodenkobold Hansi« oder »Bobby Börek, der tanzende Porree«?

Wollen Sie das? Wollen Sie allen Ernstes in ein gesteckt volles Kino, eingeklemmt zwischen Fremden, und vor Ihnen sitzt ein Typ, der so lautstark Zeug frisst, dass es klingt, als würde eine Anrichte explodieren, und dem flüstern Sie nach vorn zu, er solle mal leiser sein, und der steht auf, ist eine Handbreit höher als das Fichtelgebirge, hat 'ne Träne unters Auge tätowiert und möchte mit Ihnen über Zahnersatz sprechen?

Wollen Sie wirklich wieder unter Menschen, diese leicht übergriffigen, schnell zu nahe kommenden, dezent distanzlosen und zu erhöhter Lautstärke neigenden Lebewesen?

Wollen Sie wieder in einem Ferienflieger hocken, ein eiskaltes, von Androiden verpacktes Sandwich aus dem Pathologiefach der Airline vor sich, in einem Sitzwinkel, dass einer von *Carglass* Ihnen später den Knick aus dem Darm prügeln muss, und dann klatschen Sie beim Landen, als wäre Überleben nicht im Geld mit drin? Und dann am Flughafen leihen Sie bei einer Hütchenspielerfirma den Wagen aus *Herr Rossi sucht das Glück,* fahren zum Hotel, viertausend Zimmer, checken ein, hatten ein Jahr Zeit, Spanisch zu lernen, können aber immer noch nur Gracias, und das ist dann Urlaub? Hm? Was? WOLLEN SIE DAS?

Ich kann nur für mich sprechen, und sage: Ja, sicher. Das will ich. Und zwar so schnell es geht. Ich bin bereit, glaube ich.

Was noch?

HOSE! Genau.

Bundespräsident

Ich habe ein kleines Anliegen an Sie.

Am 13. Februar wird der Bundespräsident gewählt. An dem Tag kann ich nicht. Deswegen würde ich gerne jetzt meine Antrittsrede halten. Da spart man sich auch noch zehn Tage Planung mit Häppchen und Sekt und DJ Bobo als Überraschungsgast und Veronica Ferres springt aus 'ner Buttercreme-Torte und den ganzen anderen Kram. Lassen Sie uns das so undramatisch wie möglich abwickeln. Jetzt. Ich bin der beste Mann dafür. Sie wissen das. Ich hab null was gegen Herrn Steinmeier, im Gegenteil, aber wir hatten mal im Auswärtigen Amt ein kurzes Gespräch, und da hat er mich nicht für voll genommen, glaub ich – obwohl ich's war ... schlechter Start. Lange Rede, kurzer Sinn. Lassen Sie uns das heute entscheiden. Am 13. kann ich wie gesagt nicht, ab 4. März läuft der neue Batman-Film, und in der Woche drauf krieg ich Laminat gelegt. Ich bin der perfekte Bundespräsident. Ich bin im Bilde. Ich bin nah am Bürger. Ich besitze vier Bundfaltenhosen. Da ich keine davon jemals anziehe, müssen Sie mir das einfach mal glauben. Also:

Liebe Mitbürgerinnen und Mitbürger, liebe nicht-binäre People, wir leben in schwierigen Zeiten. Immerhin: Die Corona-Pandemie ist endlich vorbei. Oder auch nicht. Weiß keiner. Wahrscheinlich. Die Gesundheitsämter melden jetzt nach und nach die Infektionszahlen. Bald haben wir die aktuellen Daten. Die meisten Gesundheitsämter haben diese auch bereits verschickt, aber niemand hat mit diesem Wetter gerechnet. Die meisten berittenen Boten der Ämter sitzen momentan im Winterlager Dortmund Persebeck fest. Der Wind schneidet, es regnet Bindfäden, dadurch wird das Leder der Schaftstiefel hart, ein Weiterkommen erscheint zurzeit undenkbar. Dünne Zelte, Entengrütze, der Zunder fürs Feuer geht zur Neige. Der RKI-Kosak des Gesundheitsamts Schwerin hängt sogar mit seinem Kaltblüter Gustl in einer Vollsperrung auf der A3, klopft an Autoscheiben und fragt nach Hafer. Wie gesagt: Es sind schwierige Zeiten. Immerhin: Dem RKI naheliegende Ämter sind dazu übergegangen, die Zahlen zu morsen, aber der Empfänger beherrscht das Entschlüsseln nicht allzu gut, also lautet die Inzidenz momentan: IM BRATSCHLAUCH MEINES OHEIMS WOHNT SEIFE, DU OPFER. Man arbeitet daran. Bis dahin heißt es für Sie da draußen: Seien Sie wachsam. Wenn Sie nicht sterben, war's wie 'ne Grippe. Lassen Sie sich einfach drauf ein.

Sicher: Jeder von uns kennt mittlerweile Leute, die im Verhältnis 1 zu 1 Bitcoin gegen PCR-Test tauschen. Von einem Versagen der Politik kann trotzdem keine Rede sein, denn um zu versagen, muss man ja erst mal was versuchen, um es vor die Wand fahren zu können. Gott sei Dank gibt es noch die Ungeimpften, sonst wüssten wir überhaupt nicht mehr, auf wen wir mit dem Finger zeigen sollen. Ich finde, es ist an der Zeit, dass wir uns alle mal wechselseitig auf so eine warme, menschliche Art ignorieren. Und ich möchte der Bundespräsident aller Menschen sein. Und ich fände es mega, wenn ich auch der Bundespräsident der Eichhörnchen sein könnte. Dafür würde ich auch 'ne gesonderte Festivität ausrichten. Irgendwo auf der Trabrennbahn oder so. Sechs Tonnen Knoppers, mehrere Millionen Eichhörnchen verschiedener Clans, die kleinen Flusen-Racker ganz vorn, hinten die vernarbten Krieger-Eichhörnchen-Rüden, dann setzen Trommeln ein, ein Fiepen geht durch die Menge, und ich komme wie King Kong hinter 'ner Pappel vor und winke. Mensch und Tier im heilsamen Schulterschluss. Und wenn Staatsbesuch nach Deutschland kommt, lass ich mich nicht mit der S-Klasse chauffieren, oh nein, das kostet ja alles Ihr Geld, nee, ich komm in 'ner mattschwarz furnierten Kutsche mit Fließheck, angespannt sind 700.000 Eichhörnchen mit verschwitzten Flanken, ein Trappeln Abertausender Füßchen geht meinem Erscheinen voraus, die Menschen bilden ein Spalier, mein Sakko flattert im Fahrtwind, denn ich sitze wie ein Derwisch auf dem Kutschbock und rufe »BEISEITE, IHR NARREN!« –, so werde ich sein, majestätisch und CO_2-neutral, aber irgendwie bin ich ein bisschen vom Thema abgekommen. Da sollten wir uns nichts vormachen. Also. Am 13. kann ich nicht.

Deal: Wenn Sie mich jetzt direkt wählen, mach ich als Bonus zusätzlich noch Papst. Der jetzige ist ja so kaum tragbar. Der hat gelogen. Das war nicht das erste Mal. Ich hab ihm schon die Story mit Moses nicht abgekauft. Im Leben kann so ein alter Mann nicht so lange das Wasser halten. Verkrustete Strukturen müssen aufgebrochen werden. Ich gelobe, ab sofort unsere Politiker nur noch nach ihren tatsächlichen Fähigkeiten einzusetzen. Friedrich Merz dreht ab Ende April mit Netflix *Rumburaks Rückkehr*, zweiundsiebzig Folgen, aber die Handlung passt auf 'n Bierdeckel. Jens Spahn bringt zusammen mit den Flippers seine erste Single raus, Titel: *Wir werden einander viel verzeihen müssen, vor allem aber mir*, auf der Rückseite ist übrigens das Klavierstück *Für Elite*. Und Andi Scheuer kommt zu Ihnen nach Hause und entlüftet die Heizkörper.

Mehr kann ich gerade nicht für Sie tun. Bedaure. Olaf

Scholz ist nur ein Mythos. Die einen sagen, wenn man im Keller ein Pentagramm auf den Boden malt und »Olaf, bist du da?« ruft, kommt von den Wänden ein geerauntes »Ich danke Ihnen für diese Frage«. Andere berichten, wenn man dreimal vorm Spiegel seinen Namen sagt, erscheint er mit lautem Bums in einer Shisha-Bar und lutscht dir ungefragt den Apfeltabak weg. Viele Menschen sind mittlerweile der Auffassung, man hätte besser den Yeti wählen sollen. Den siehst du wenigstens ab und zu. Jetzt ist es zu spät. Aber jetzt ist genau die richtige Zeit, mich zum Bundespräsidenten zu wählen. Am 13. kann ich wie gesagt nicht. Sie dürfen sich gleich kurz beraten. Bedenken Sie bitte dabei: Ein Eichhörnchen kann ein putziger Kollege sein – oder eine Waffe. Süße Schmusimaus oder Killer. Speziell, wenn man sie wirft. Es ist Ihre Entscheidung. Das klingt jetzt wie eine Drohung, ich weiß, aber das liegt nur daran, dass es eine ist. Wählen Sie also weise.

Sie können im Prinzip nix verkehrt machen. Denn ich glaube, im Moment ist eh alles egal. Keine Ahnung. Das Einzige, was ich weiß, ist: Am 13. kann ich nicht, am 4. März kommt der neue Batman-Film, und in der Woche drauf krieg ich Laminat gelegt.

ZWISCHENSPIEL

Warum ich kein Buch über meine Depressionen schreibe

Gut. Wo fange ich an?

Die Siebziger waren das Jahrzehnt meiner Kindheit. In der Grundschule schrieben wir mit Wachsmalstiften, weswegen ich immer noch den Geruch liebe. Meine Klassenlehrerin hatte toupierte Haare. Um Weihnachten rum saß ich morgens im Halbdunkel unserer Küche in der Dortmunder Straße 76 in Waltrop, es war Schnee gefallen, und ich schnappte mir meinen Tornister (Leder mit Schnallen, ohne Witz) und ging die Laternen entlang den Kilometer bis zur Schule. In Mathe gab es LÜK-Kästen, kennt keiner mehr, das waren Schatullen mit kleinen Plättchen, deren Rückseite eine Rechenaufgabe stellten, und wenn man die Ergebnisse korrekt legte, drehte man die Plättchen um und sah ein geometrisches Muster. Das gab mir in planbarer Regelmäßigkeit die Gelegenheit, spielerisch zu versagen. Sport hieß TURNEN, und so war es auch. Brennball, tonnenschwere Matten mit Lederschlaufen, Bockspringen, Fußball. Einmal im Jahr fuhr die ganze Familie in den Urlaub. Nach Sperlonga, Italien. Wir hatten einen grünen Fiat und einen Wohnwagen und blieben meist die ganzen Sommerferien. Klarer Fall von unterer Mittelschicht. Der Campingplatz, den wir immer frequentierten, hieß CAMPING NORD SUD. Es gibt ihn noch. Einmal hatte ich auf der Fahrt nach Italien eine Hodensenkung, was schmerzhaft ist, also hielten wir in der Schweiz und fragten einen Arzt um Rat; der meinte, ich könnte ja mal hüpfen, damit der eine Kollege wieder in den Sack rutscht, das wäre die halbe Miete, andernfalls eine Operation. Selten so gehüpft. Oink-Oink. Irgendwann machte es PLOPP, und alle Bälle waren wieder im Netz. Die restlichen 16 Stunden Fahrt fragte meine Mutter zehnminütlich, wie es um den Sack bestellt sei, bis ich sie bat, nicht mehr zu fragen, ich würde mich melden, wenn was sei.

Die Urlaube waren wundervoll. Ich bin auch heute noch kein Typ für extreme Luxushotels, weil ich viele Jahre auf einer Luftmatratze geschlafen habe, und die hatte ich stets persönlich aufgeblasen – pust, pust, Kollaps, pust, Kollaps, das muss reichen, Stöpsel rein. Auf die Jahre gerechnet war ich bestimmt eine Urlaubswoche komplett bewusstlos wegen der Scheiß-Luftmatratzen.

Irgendwann fahre ich noch mal hin. Ich bin so ein IRGENDWANN-Typ. Weiter.

Was noch? Damals in Italien aßen wir unfassbar oft Pfirsiche, fällt mir soeben ein. Was für eine Frucht. Unglaublich.

Ende der Siebziger brach ich mir bei einem Schulunfall das Becken. Drei Monate Krankenhaus, Gipsbett, in eine Pfanne kacken. Der ganze Spaß über Weihnachten, Silvester, fast den ganzen Winter. Damals habe ich gelernt, dass ich keine Probleme damit habe, allein zu sein.

Dann kamen die Achtziger. Du hattest seinerzeit die Wahl: Bist du Popper oder Punk? Ich wäre gerne Popper gewesen damals. Das Problem waren die Klamotten. Gelbe Pullis mit V-Ausschnitt, Polohemden, Lederkrawatten und Föhnwelle, Slipper. Dafür hatten wir kein Geld. Aus irgendeinem Grund trage ich die genannten Plünnen bis heute nicht. Blieb nur Punk. Also kein richtiger Punk natürlich. Man behielt seine normale, scheißige Frisur mit Nackenspoiler, kloppte sich aber eine Dose Haarlack auf den Schädel, trug Nietenarmbänder und abgeschnittene Ärmel an der Jeansjacke – und das war's so ziemlich. Wir waren die Sorte Punks, die durch Haarewaschen und Umziehen wieder zu Thomas und Annika wurden. Heutzutage gibt es allein 632 Rap-Strömungen, und es ist en vogue geworden, sich das Gesicht zu tätowieren und ohne Not eine Zahnspange aus purem Gold zu tragen. Man steckt nicht drin.

Mit 16 trennte ich mir bei einem Unfall auf Rollerskates die halbe rechte Hand ab. Klingt übertrieben, ist es aber nicht. Ich wäre fast gestorben und kann schlecht darüber reden. Bis heute ist dies das einzige Trauma, dass ich mit mir herumtrage.

Mit 18 ging ich zur Bundeswehr. Also unter Zwang, natürlich. W15. Es war eine wichtige Zeit für mich. Eine schöne Zeit. Struktur. Trotz Gewehren, Panzern, Herumrobben und dem ganzen anderen Kram. Keine Pointe.

Mit 19 begann ich meine Schneiderausbildung bei meinem Sensei Herrn Grothaus auf dem Heiligen Weg zu Dortmund. Danke, Meister.

Danach arbeitete ich als Herrenausstatter, und ich war ziemlich gut.

Merken Sie was? Das waren jetzt mindestens zwei lähmende Seiten, und sie verströmen einen seltsamen Geruch. Das ist der Duft von SCHAUT, STERBLICHE, BLICKT AUF MEIN INTERESSANTES LEBEN UND STAUNT! Am Arsch.

Von mir wird es nie eine Autobiografie geben. Sie würden sich zu Tode langweilen. Natürlich könnte ich versuchen, es wenigstens amüsant zu schreiben, aber wozu? Mein bisheriges Leben zerfällt in viele Kapitel; manche habe ich vergessen, andere erfolgreich verdrängt, nicht wenige sind wirklich bestürzend uninteressant, und überhaupt neige ich dazu, mir die Dinge schönzureden, was auch nicht gerade hilft. Mir ist soeben noch eingefallen, dass ich als kleines Kind ein Lieblingsspielzeug hatte. Es war ein Foxterrier auf Rollen, den ich hinter mir herziehen konnte. Er hieß Peterle. Keine Ahnung, ob das werkseitig sein Name war oder ich ihm diesen gab, das ist auch nicht entscheidend. Irgendwann, ich war fünf oder so, jedenfalls ging ich noch nicht zur Schule, war mein Vater der Auffassung, ich sei zu alt für diese Sorte Spielzeug; er verbrannte ihn im Ofen. Vorher montierte er die Rollen ab, und dann öffnete er die vordere Luke des Ofens, und ich durfte zusehen, wie Peterle in Flammen aufging. Der Hund war mit Holzwolle gefüllt. Es ging ziemlich schnell. Seitdem halte ich meinen Vater für einen ziemlichen Idioten ... und außerdem kaufe ich mir seit Jahren das Spielzeug meiner Kindheit wieder zusammen. Das im Dunkeln leuchtende Piratenschiff, die Muppets als Handpuppen, alle, wirklich *alle* Batman-Spielzeuge. Es nimmt überhand, aber das ist mir egal.

Sie merken: Das hat was von hingerotztem Tagebuch.

Aber um ein Buch über seine Depressionen zu schreiben, wäre es schon gut, eine Hinführung zum Thema zu haben. Das war sie, unnötigerweise.

Also, once again: Von mir wird's keine Autobiografie geben, nichts außer dem Flickwerk, das Sie soeben gelesen haben. Das meiste fällt mir ohnehin nicht mehr ein, oder übler noch, völlig unsortiert. WENN ICH FRÜHER 70 PFENNIGE HATTE, HABE ICH MIR EINE TÜTE CHIPS GEKAUFT, MICH IN UNSERE GARAGE GESETZT UND »LUSTIGE TASCHENBÜCHER« GELESEN. Sehen Sie? Schluss jetzt.

Also: warum kein Buch über Depressionen?

Erzähle ich Ihnen.

Ich wünschte, ich könnte klar umreißen, wann es losging. Wann ich das erste Mal merkte, das mit mir was nicht stimmt. Anfang der Neunziger arbeitete ich beim Herrenausstatter, und ich lebte in Dortmund. Die Neunziger gingen so gut los, wie die Achtziger geendet hatten. Ich war wie jeder andere Mensch auch mehrfach ins Kino gegangen, um Tim Burtons BATMAN zu sehen, hatte jede Menge schöner Haare und sah allgemein aus wie eine etwas schlichte, dösige Version von Patrick Bateman. Nur ohne das Geld. Seit ich auf eigenen Beinen stand, war ich eher arm. Mit etwa siebenundzwanzig ging es dann los: Ich bekam den Spagat zwischen Miete zahlen, essen und für den Job repräsentative Kleidung kaufen nicht mehr sonderlich gut hin. Es war ein schleichender Prozess. Vermieter setzten mich vor die Tür, dann und wann wurde mir der Strom abgestellt, in der Firma trudelten Pfändungen ein. Ich zog innerhalb Dortmunds bestimmt zwanzig Mal um, und hinter mir wurde die brennende Lunte der Verbindlichkeiten immer länger. Dafür begann sie, zum Ausgleich, immer schneller zu brennen. Ich verlor den Job beim Herrenausstatter, suchte mir eine andere Arbeit, behielt sie eine Zeit lang, wechselte die Wohnung, dann alles von vorn. Ich hörte auf, mich gut zu fühlen. Anders kann man es nicht beschreiben. Irgendwann schlief ich keine Nacht mehr vor sechs Uhr morgens ein, in meinem Kopf hämmerten vollkommen unsinnige, fremdartige Gedanken von innen an meinen Schädel, ich ging kaum noch vor die Tür. Ich hatte, selbst gewählter Freigeist, der ich war, keinen Kontakt zu meiner Familie. Scherz. Ich war kein Freigeist. Meine Familie wusste genau, was es bedeutete, wenn ich aufkreuzte: Ich brauchte Geld. Irgendwann ersparte ich ihnen meine Besuche. Zum einen, weil meine Sippe nicht über den berühmten »Dukatenscheißer« verfügte, zum anderen, weil ich häufiger gefragt wurde, ob ich mich nicht schämte. Selbstverständlich tat ich das. In dieser Zeit wurde ich ein Großmeister darin, Scham zu überspielen. Natürlich höhlt einen so was aus, und wenn es jemals einen sinnbefreiten Skill gab, dann diesen, aber was soll man machen? Ich wurde zum Mister Miyagi des »So tun, als wäre nix«. Das Leben begann, sehr anstrengend zu werden. Es gab eine kurze Episode echten Glücks, als ich an der Dortmunder Kaiserstraße eine Wohnung in einem Haus ergatterte, in dem über mir Olli wohnte und unter mir Jörg, meine beiden ältesten Freunde. Es hätte Sitcom-Material sein können, aber dann stellten sie mir den Strom ab. Jörg und Olli zogen eiskalt Verlängerungskabel durchs Treppenhaus und außen durch die Fenster. Das ging nicht lange gut. Es waren wohltuende, stabile vier Monate. Dann ging's noch ein Treppchen bergab. Ich fand einen Job in einem Baumarkt. Keine dieser großen Ketten, es gab nur zwei Filialen. In der Dortmunder Vertretung war ich zuständig für Lasuren und Lacke. Wenn mich etwas nicht interessiert, sind es Lasuren, dicht gefolgt von Lacken, aber der Laden hatte kein Problem damit, mich einzustellen, also sortierte und verkaufte ich Dosen mit 763 verschiedenen halbtransparenten Brauntönen oder half im Teppichzuschnitt oder stand lethargisch rum. Ich hatte in der Nähe eine Wohnung gefunden, ein Zimmer, keine Diele, Bad, der Vermieter wohnte im Haus. Die Bude war in keinem guten Zustand, aber billig, und wir passten famos zusammen. Mir ging's immer schlechter. Das war allerdings nicht so beunruhigend wie meine Gedanken dazu, die da lauteten: Vielleicht ist das normal. Man fühlt sich so. Man wird älter, arbeitet irgendwas, denkt nachts darüber nach, auf diesem Planeten auszustempeln und mal zu schauen, was sich jenseits des Vorhangs befindet, macht aber weiter, erst mal, zur Wiedervorlage, ohne einen tieferen Sinn, und innen im Kopf hockt dieser dunkle Klopfer und kackt dir ins Gemüt. Das ist die Norm, wenn man lebt. Jeder fühlt sich so. Wie könnte es anders sein?

Auf der Arbeit gab mein Hirn Ruhe. Sonderbar. Ich arbeitete viel, stempelte aus, ging heim. Als ich eines Tages nach Hause kam, war der Strom abgestellt. In der Comedy-Branche nennen wir das einen Running-Gag. Passierte mir alle paar Monate. Zuerst geht man immer davon aus, dass in der Siedlung Stromausfall ist. Dann marschiert man zum Sicherungskasten, schaut sich lange die Verplombung an, denkt »Aha«, geht nach oben und sucht eine Kerze. Um diesen Zeitpunkt herum feierte mein absoluter seelischer Tiefpunkt seine umjubelte Premiere. Durch den Mangel an Strom fielen meine bevorzugten Mahlzeiten aus. Es gab da so bizarre Nudelgerichte, die einfach mit kochendem Wasser aufgekippt wurden. Umrühren, acht Minuten anstarren, schon hatten sich der komplett chemische Käse-Ersatz vom Planeten Schlump IV mit dem nicht minder chemischen Gewürzstaub und den projektilharten Röhrennudeln zu einem beigefarbenen Geblubber formiert; ich schaufelte mir das immer direkt aus dem Topf rein und schaute dabei die *Harald-Schmidt-Show*. Ohne Strom kein Harald Schmidt, und das Wasser aus dem Hahn war nicht heiß genug für die Nudeltüte. Irgendwas ist echt immer. An der Tankstelle am Ende der Straße holte ich mir dann immer ein paar Bifi. Oder BIFI's. Ich vermute, BIFI soll eine Art eingedeutschtes BEEF-E bedeuten, jedenfalls ist es schrecklich. Machte aber satt. Und ich liebte abgepackten Marmorkuchen. Der hielt sich ewig. Keine Ahnung, wieso. Mir war immer noch nicht klar, dass ich krank war. Ich verfügte über keinerlei Bezugsrahmen, sprach mit niemandem darüber, und war mir immer sicherer: So läuft mein Leben eben. Und das der anderen. Als Mensch zu existieren ist geronnenes Elend, du fühlst nichts, nichts passiert, man kann auch nichts tun, dann stirbt man. Ich bin mir heute sicher: Mein Zustand hatte nichts damit zu tun, dass ich auf ziemlich niedrigem Niveau lebte, zumal meine Schulden bei Hinz und Kunz von mir selbst, nun: verschuldet waren. Vermieter wollen ihre Miete, die Herzchen vom Stromversorger wollen ihr Geld, und die Leute, die mittlerweile die zweite Lohnpfändung in den Baumarkt geschickt hatten, hatten ebenfalls gewisse, nicht unberechtigte Ansprüche. Den Chef des Baumarkts juckten die Pfändungen nicht besonders. Er warf mich nicht raus, meinte nur, ich sollte das über kurz oder lang mal in den Griff kriegen.

»Logo«, sagte ich und ging in meine Abteilung.

Eines Tages verkaufte ich einem Herrn eine Dose Holzlasur, die er mir am nächsten Tag mit zornesroter Rübe zurückbrachte. Die würde zu stark decken, die Lasur, meinte er, und er hätte mir doch klar gesagt, dass sie halbtransparent sein sollte, und ob ich mir vorstellen könnte, wie beschissen sein Jägerzaun jetzt aussehe?

Ich versuchte mir vorzustellen, wie beschissen sein Jägerzaun aussah. Es gelang mir nicht. Dann versuchte ich mir auszumalen, wie sehr die Seele dieses Mannes lodern musste, um sich über so einen Blödsinn aufzuregen, und Neid ergriff mich. Ich möchte das auch, dachte ich. Aber das kann ich nicht. Das bin ich nicht.

Der Mann sagte: »Und nun?«

»Was und nun?«

»Ja, kommen Sie jetzt zu mir nach Hause und schleifen den Zaun ab?«

»Ist das irgendwie eine rhetorische Frage?«

»Nein!«

»Okay«, sagte ich. »Dass ich bei Ihnen vorbeikomme, um Ihnen den Zaun abzuschleifen, kann ich so gut wie ausschließen. Nein, warten Sie, ich präzisiere: Ich komme auf keinen Fall und schleife Ihren Zaun ab.«

»Und wie stellen Sie sich das nun vor?«, tobte der Typ.

»Sie schleifen den Zaun ab. Es ist Ihr Zaun. Jeder schleift seinen eigenen Zaun ab.«

Dann ging ich zu meinem Chef und sagte: »Ich glaub, ich kann das hier nicht mehr machen.«

»Doch«, erwiderte er. »Sie machen das ganz ordentlich.«

»Ist gut«, sagte ich. »In meiner Abteilung hat einer Probleme mit seinem Zaun.«

»Ich geh mal hin«, sagte mein Boss.

Kein Schlaf mehr.

Ich saß zu Hause, trug einen Mantel, denn es war kühl geworden, und las bei Kerzenschein *Willkommen in Wellville* von T. C. Boyle. Es geht um den Erfinder der Kelloggs-Cornflakes und ein Sanatorium, um das hier mal auf das absolute Minimum einzudampfen. Ich fand das Buch unfassbar scheiße, sah mich aber außerstande, etwas anderes zu tun, als ebendieses Buch zu lesen. Ich las, bis es hell wurde, nahm mein Baumarkt-Shirt (es war noch feucht; im Waschbecken gewaschene Klamotten werden schlecht trocken ohne Heizung; die funktionierte inzwischen auch nicht mehr, klar) und machte mich auf den Weg zur Arbeit. Ich hatte seit Monaten nicht mehr mit meiner Familie gesprochen. Im Baumarkt legte ich das Firmen-Shirt über die Heizung. Ich war einer der Ersten im Betrieb. Bis neun Uhr dreißig wäre es trocken genug. An diesem Tag irgendwann in den Neunzigern hatte ich meinen ersten glasklaren Gedanken seit Wochen: Es ist genug. Mein Leben war derartig dunkel und mühsam geworden, es lohnte sich einfach nicht mehr. Es wird Zeit, hier mal Feierabend zu machen. Das war nicht mein Gedanke, weiß ich heute, sondern etwas, dass die Krankheit mir in meinem Kopf zurechtgescrabbled hatte, aber als ich ihn dachte, fühlte er sich sauber, vernünftig und schön an. Der ganze Tag wurde besser. Ich hatte eine Perspektive. Unter dem Einfluss dieses Gedankens sah ich keinen Sinn mehr darin, meine Lasuren und Lacke, die fast täglich geliefert wurden, ordentlich einzusortieren. Ich war auf der Zielgeraden.

Abends stempelte ich aus. In nicht einmal hundert Metern Entfernung lagen die Bahngleise. Ich marschierte hin. Das ist genau die richtige Entscheidung, dachte ich. Zug kommt, Bums, Licht aus. Ich werde das im Stehen machen. Ich stellte es mir vor wie eine sehr ausgedehnte Vollnarkose. Tot zu sein. Könnte natürlich kurz wehtun. Aber man bekam eine Menge dafür, nicht wahr?

Ich habe dreißig Minuten gewartet. Dann kam eine S-Bahn. Sie war viel zu langsam. Und zu hell erleuchtet. Ich konnte den Fahrer gut erkennen. Das wird nichts, dachte ich. Ich ließ die Bahn durch. Die nächste Bahn, dasselbe Spiel: zu langsam, zu hell. Ich ging nach Hause. *Willkommen in Wellville*. Was ein ödes Buch.

Am nächsten Tag habe ich stundenlang Lasuren sortiert. Wo war das Scheiß-EICHE HELL?

Ich hab's noch mal versucht. In der Nähe des Hauptbahnhofs. Aber es kam kein Zug. Zumindest nicht in der knappen Stunde, die ich gewartet habe. Vielleicht waren's auch nur vierzig Minuten. Ich hatte mir Mut angetrunken, mit so einem 8-Mark-Flachmann von der Tanke. Ekelhaft. Ich bekam Sodbrennen. Das machte es irgendwie albern. Dann bekam ich Angst und machte mich vom Acker. Angst war jetzt nicht unbedingt unter den Top 10 meiner Lieblingsemotionen, aber immerhin: Ich fühlte was. Ich habe danach diese sonderbar fremden Gedanken, mich selbst umzubringen, abgeblockt. Zu viel Furcht einfach, lichte Momente, ab und an ein bisschen Hoffnung.

Die Wende kam, als ich Reinhold kennenlernte. Er war Barkeeper in einem dieser Szeneläden, die jede Nacht mit den ganzen BVB-Spielern verstopft waren. Ich habe vergessen, wie ich in diese Bar geriet. So sehr ich auch nachdenke, es ist weg. Reinhold sagte mir damals, wie absolut beschissen ich aussehe, und ich erklärte ihm, das bleibe nicht aus, wenn man nicht schlafe. Er unterhielt sich ein wenig mit mir und sagte mir irgendwann direkt ins Gesicht, dass ich wahrscheinlich unter Depressionen leide und zum Arzt müsse. Ich konnte mir nicht vorstellen, dass es einen Sammelbegriff für diesen ganzen sinnlosen seelischen Schmutz gab, denn es fühlte sich an wie meine persönliche genuine Form selbstverdienter Hölle, nicht übertragbar, Freunde, nennen wir es STRÄTER: DIE KOPFKACKE© – aber ich ging mit ihm zu einem Arzt in der Hansastraße. Der checkte erst mal meine Hirnströme und machte dann weitere Tests. Der Weg begann. Medikamente, Therapie, Struktur. Es wurde besser. Nicht sofort, klar. Und es war mühsam. Aber es wurde besser.

Ich habe zwanzig Jahre gebraucht, um mir die ganzen Schulden vom Hals zu schaffen. Okay: Im Prinzip habe ich neunzehn Jahre nichts geregelt gekriegt, und dann ging es binnen eines Jahres. Mit Hilfe der Familie.

Ich hatte seitdem drei, vier Depressions-Episoden, eine davon heftig. Ich warte auf die nächste, aber die Abstände vergrößern sich. Bei Drucklegung dieses Buches bin ich sechsundfünfzig, und so fühlt es sich auch an, aber ich lebe. Gute Sache. Ab und zu weine ich. Es tut mir gut. Ich checke bis heute nicht, warum es nicht gesellschaftlich akzeptiert ist. Wenn man Husten muss, hustet man, wenn man weinen muss, weint man. Liegt vielleicht daran, dass neuerdings viele versuchen, ein ALPHAMANN zu sein. Also die Nummer 1 im Rudel. Wer und wo dieses Rudel ist, können sie einem aber nicht erklären. Na ja. Ich bin finanziell einigermaßen abgesichert, von Haaren ist keine Rede mehr, schlanker werde ich auch nicht mehr, und ich bin kein Star. Ich produziere komische Sachen in Wort, Bild und Schrift (dieser Text reiht sich da nicht so gut ins Gesamtwerk ein, weiß ich selbst), ich habe dieses für einen eher mittelalten Mann etwas seltsame Mützending, ich bin eigentlich immer ein wenig erschöpft, aber ich bin da. Und ich bin Schirmherr der Deutschen Depressionsliga. Wegen des anderen Schirmherrn, Harald Schmidt. Ich mag die Ironie. Es erinnert mich an diese Tütennudeln ... und wer ich bin.

Und das ist die Geschichte.

Finde ich nüchtern betrachtet ein bisschen zu kurz für ein ganzes Buch. Oder?

Sehen Sie?

Themawechsel.

Teil 3

Akte Wichs: das Beste vom Schlechten

Wenn die deutsche Sprache ein Wald ist, sind dort sehr viele Bäume, dazwischen Gestrüpp, paar Blümchen, lose Blätter, ein Stück Wiese vielleicht, und dann gibt's da Pilze, und die riechen böse nach Aa. Das sind die Redewendungen, die besonders häufig benutzt werden, aber oft gar keinen Sinn haben, oder mal einen hatten, der allerdings geraubt wurde, sei es durch Überbenutzung oder weil immer die gleichen Pappnasen diese Phrasen verwenden. Ich will mich davon nicht ausnehmen. Wie auch?

Jedenfalls bin ich immer auf der Jagd nach ganz besonders dubiosen Formulierungen. Oder Redewendungen.

Ich mag unsere Sprache gern, bin aber der Van Helsing übler Phrasen.

Tauchen wir also ein in die Güllekammer der deutschen Sprache.

Komfortzone

Für den Beginn habe ich gleich drei peitschende Phrasen aus dem Grützbeutel der Sprache gezogen, beginnend mit: **Du musst deine Komfortzone verlassen.** Ein gern genutzter Ausruf von Leuten, die dir persönliches Wachstum an den Hals wünschen. Um im Braunkohle-Bagger-Leasing-Business ein wirklich mächtiges Alphatier zu werden, musst du deine Komfortzone verlassen ... äh ... Fabian. Zwei Dinge: Erstens: Warum? Warum muss ich es möglichst unkomfortabel haben, um was zu lernen oder jemand anderes zu werden? Der man, das nur nebenbei, nicht wird. Die Persönlichkeitsentwicklung ist ja kein Kippschalter, das ist ein ganz, ganz kleines Stellschräubchen, da schraubst du ewig in winzigen Schritten, und dann bist du auch schon wieder tot. Kaum einer sagt von sich: Ich musste meine Komfortzone verlassen. Das ist meist ein Kommando von Dritten. Aber, zweitens: Was ist denn diese Komfortzone überhaupt?

Die Komfortzone ist da, wo du gern bist, aber andere, die es vermeintlich gut mit dir meinen, dich nicht haben wollen. Das kann dein Lebensstil sein: Du sagst zum Beispiel, Geschirrspülen machst du so, dass du die dreckigen Teller so lange stehen lässt, bis sich die Anmutung der Essens-Schmocke von frisch zu alt zu hart zu schimmelig, dann zu krumpelig, dann zu Ektoplasma wie Gespenster-Senf und dann zu feinem Staub verwandelt, und dann erst fegst du den weg. Viele Liter Trinkwasser gespart. Gut, die Bude hat zwei Jahre gestunken wie ein Wikinger-Klosett, aber das sind deine Regeln, und niemand hat in deiner Komfortzone rumzuklabustern. Ich höre auch ab und zu, wie langzeitarbeitslosen Menschen geraten wird, ihre Komfortzone zu verlassen. Was diese Berater aber meinen, ist die Couch, und das ist unerträglich arrogant. In Deutschland gibt es ganz triviale Armut, richtige Armut, und viele blicken auf dich herab, und du kommst nicht vom Fleck, und alles, was du willst, ist ein bisschen Würde und dass jemand sagt: Na, komm, ich hab hier Arbeit für dich, vernünftige Arbeit, vernünftig bezahlt, du kommst wieder auf die Beine – und dafür müsste man dann gar nicht erst raus aus seiner Komfortzone, weil da ja sowieso gar kein Komfort ist! Das war jetzt nicht lustig. Verzeihung. Komfortzone am Arsch, ey. Ich kenne arme Leute, und wenn ich denen Geld gebe, komme ich mir immer unerträglich gönnerhaft vor, aber ich hab einfach keine bessere Idee, weil ich den Leuten schlecht sagen kann: Verlass mal deine Komfortzone und tritt in der Westfallenhalle 1 auf. Oder reiß dich zusammen und schreib 'ne TV-Show.

Die zweite Redewendung, die ich abgrundtief *hasse*, lautet:
Da könnt ich mich reinsetzen!

Das sagen Menschen, die generell einen verabscheuungswürdigen Sprachgebrauch in Verbindung mit Speisen an den Tag legen. Wer »Da könnt ich mich reinsetzen« sagt, sagt auch: »Sauerbraten, Super-Schmackofatz« und »Käse schließt den Magen«. Inwiefern?

»Sergeant, Frank hat einen Bauchschuss. Fordere Helikopter an.«

»Nein, Private. Legen Sie diese acht Scheiben Leerdammer auf die Wunde. Käse schließt den Magen.« Schlimm. Zurück zum Thema.

Wenn ich das schon höre: »Boah, Krautsalat – da könnt ich

mich reinsetzen!« Nein, könntest du nicht! Willst du vielleicht, warum auch immer, aber selbst Krautsalat ist ja – nur mal so als ketzerische These – eher für den Verzehr gedacht als für dein sesselwarmes Sitzfleisch. Die gesellschaftliche Akzeptanz wird da, glaub ich, auch überschätzt. Wenn der Bus kommt, kannst du sagen »Da könnt ich mich reinsetzen!«, aber nicht bei Lebensmitteln. Aber mach, wie du meinst. Leb deine Phrasen aus. Raff deine flotte Frotteehose bis auf Kniehöhe und dann holterdipolter, klettere ungelenk ins Büffet deines Hotels in S'Arenal, und oben angekommen grätschst du wimmernd ins Tiramisu, das ist dein gutes Recht, die anderen können ja drumherum essen, Brigitte. Oder was?

Und zu schlechter Letzt die Hammerphrase aller, die einem, während man gerade was Sinnvolles tut, irgendeinen sinnlosen Kokolores ans Bein schrauben wollen, und zwar, indem sie feixend muhen: **»Du, ich hab 'n Attentat auf dich vor.«** Ich traue mich gar nicht, mich zu fragen, woher das kommt. Ich vermute allerdings, und da lehne ich mich kaum zu weit aus dem Fenster, *nicht* aus Attentäter-Kreisen. Attentate sind immer feige, niederträchtige Angriffe aus dem Hinterhalt – und vor allem stellt sich da keiner hin, eine Hand am Sack, eine am Schlüsselbund, lehnt sich vor, sodass ich noch Sauce-Hollandaise-Partikel in der Popelbremse sehe, und sagt: »Du, ich hab 'n Anschlag auf dich vor.«

Ich nicke da jedenfalls häufig, erhebe mich, trete um den Ankündigenden herum und ziehe ihm ruckartig die Unterhose von hinten über den Schädel, sodass der Bund richtig schön stramm an der Nasenwurzel aufliegt, und dann sage ich: »Attentat vereitelt, Assassinen-Günther. Und herzlich willkommen außerhalb deiner Komfortzone.«

ASAP

Kürzlich erreichte mich eine E-Mail:

> *Sehr geehrter Herr Sträter,*
>
> *mein Name ist Nele Espinoza. Ich bin Creative Managerin bei einem Start-up aus Berlin, mit dem Schwerpunkt »Künstliche Intelligenz«. Da meine Kolleg_innen und ich große Freunde Ihrer Kunst sind, wäre es uns eine Ehre, Sie für ein aktuelles Projekt gewinnen zu können.*
>
> *Ich habe dieser E-Mail eine PDF-Datei angehängt, in der Sie detaillierte Informationen über das in Frage kommende Projekt finden. Vielleicht schauen Sie mal rein und machen sich selbst ein Bild.*
>
> *Nähere Informationen über unser Unternehmen finden Sie natürlich auf unserer Website.*
>
> *Hochachtungsvoll:*
> *Nele Espinoza*

Schön, oder?
Jetzt die E-Mail, die mich tatsächlich erreicht hat:

> *»Yo Torsten*
>
> *Nele Espinoza hier. Ich bin CM bei Legit-Shit, einem KI Start Up aus Berlin. To be honest, wir sind alle huge Fans von dir und wären endhappy, wenn wir dich für ein Projekt*

hiren könnten, für das du in my opinion genau der Richtige wärst. Working Title: Krass gekackt!

Ich habe dir mal ein Package mit PDFs zusammengeschnürt und dieser Mail angehängt. Take a Look.

H.R.I.T.
Nele

Diese E-Mail ist F. Y. E. O., B.T.W.«

Und hier meine Antwort:

Yo Nele

S. R.Y, dass ich mit meiner Response not sooner bei dir aufgeschlagen bin! You know how it goes. Thanx für deine A. F. G. Das Project sounds wirklich legit. Right up may Ally, wie meine Omma sagen würde. Allerdings I have to say, dass mein T. P. (Tourplan), keinerlei F. T. (Free Time) zulässt. Das ist so sad, aber leider not changeable.

Tata,
Torsten

Na ja, alles halb so wild, ich hab mit so was kein Problem – ich hab auch kein Problem damit, wenn unter Mails steht: SCHÜTZEN SIE DEN PLANETEN! Verringern Sie den CO_2-Ausstoß und vermeiden Sie das Ausdrucken dieser E-Mail, der Regenwald muss erhalten bleiben.

Ja, kein Ding. Ich druck die Mail nicht aus. Oft lese ich die nicht mal. Also: Spam schon. Wenn ich 'ne Mail bekomme mit VERGRÖSSERN SIE IHREN PENIS, antworte ich meist: »Wie viel denn noch?«

Aber darum geht's nicht, sondern um einen der schlimmsten Furunkel im Untenrum der Sprache. Nämlich: **ASAP**. Sie kennen das. Sie bekommen 'ne Mail, 'ne SMS, Inhalt: irgendein Schronnek, mit Bitte um Erledigung, darunter dann: ASAP!

ASAP. Sprechen wir darüber. Der Begriff geht zurück auf den Florentiner Kaufmann und Prunkkutschenschnitzer Allessandro Matteo Wumbold Asap, 1452 bis 1512, der für zwei Dinge im frühen Florenz geschätzt wurde wie kaum ein Zweiter: Seine ausladenden, ja pierrothaften Gewänder aus sich plusterndem Brokat ... und seiner Neigung, immer alles schnellstmöglich zu erledigen. Stets, wenn Eile geboten war, riefen sich die Marktfrauen nahe des Palazzo Vecchio schelmisch zu: »Francesca, stopfe mir asap einen Kapaun mit Winteräpfeln und Kürben, so der korrekte Plural von Kürbis, und bringe ihn ebenso asap zum Hause von Jürgen Medici, er erwartet dein Kommen bereits zur fünften Stunde!«

Quatsch.

ASAP bedeutet »As soon as possible«, so schnell wie möglich, ein gehetzter Amerikanismus, der sagt, ich brauch das so schnell, ich muss sogar mein Kommando abkürzen, Freunde, denn ich bin ein Global Player, you know, auch wenn ich nur stellvertretender Bereichsleiter der Fliesenleger-Krankenkasse bin, und da auch nur zuständig für die Unterabteilung Verletzungen mit Fugensilikon, Ressort Auge, und da passiert nie was, man könnte mich ebenso ganztags in einen Schrank sperren und meinen Job einem Pfund Krill geben – aber ich bin wichtig, also faxen Sie mir diese Excel-Tabelle ASAP! BRIGITTE!

Falls Sie so was wirklich aus der Ruhe bringt: As soon as possible, also so schnell wie möglich bedeutet: So schnell es *Ihnen* möglich ist. Wenn Sie sich sagen – und das passiert einem ja eher häufig: »So. Für die Tabelle brauch ich zehn Minuten«, und während Sie dran arbeiten, läuft Udo Jürgens im Radio, und Ihnen wird plötzlich klar, dass Sie auch noch nie in New York waren, auch nicht auf Hawaii, und weder in zerrissenen Jeans noch in vernünftiger Hose durch San Francisco gelaufen sind, und dass dieser Drang gerade so glühend und übermächtig ist, dass Sie nicht anders können, Ihr Seelenheil hängt davon ab, also erheben Sie sich, sagen der Kollegin am Tisch gegenüber »Moment«, verlassen das Büro, und wenn Sie dann acht Monate später braungebrannt, mit 'ner Schnappschildkröte im Schlepptau und mit einem völlig neuen Blick auf das Leben erneut zu Ihrem Schreibtisch gehen, dann nehmen Sie die Tabelle und schicken die rüber, und zwar in dem Wissen, dass es einfach nicht früher möglich war. Okay? Gut.

Folgendes

Ich neige auch vor, objektiv betrachtet, nur mittelinteressanten Aussagen dazu, ein spannungsaufbauendes Wort zu nutzen. Nämlich: **FOLGENDES**. Ich kann nicht anders.

»Folgendes« ist eigentlich gedacht für Sachen wie »Folgendes: Steve lenkt die Wachen ab, Brian und ich weichen den Suchscheinwerfern aus, Enrico überwältigt den Scharfschützen mit der Pistole, die wir aus Brot und Speichel gebaut haben, dann kriechen wir durch die Lüftungsschächte raus und schwimmen nach Sankt Peter-Ording. Haben das alle begriffen?«

Aber ich benutze es auch beim Bäcker.

»Was darf's sein?«

»Folgendes …«

Und die Bäckereifachverkäuferin harrt nun meiner Aufzählung. Sie erwartet: »Folgendes: vier Brötchen, zwölf Croissants, neun Wecken, und nein, nicht um neun wecken, NEUN WECKEN!, achtunddreißig Baguettes, zwei mit Zwiebeln, sechzehn mit Oliven, vier im Sinn, drei Klafter Paniermehl, vier Barrel Öl, eine große Tüte getrocknete Weberknechte, zwei Schupos mit hochgezwirbelten Bärten, ALLE BROTE und eine durchgepauste Karte von Atlantis im Maßstab 1 zu 8!«

Ich sage aber immer nur: »Folgendes: ein Kaffee.«

Und dann entsteht da diese unangenehme Pause. Genau wie jetzt.

Aber: Viel, viel schlimmer ist folgende Formulierung: **Ehrlich gesagt!**

Man trifft irgendwen, lädt ihn zum Kaffee ein, und am Tisch sagt dieser Mensch dann: »Ehrlich gesagt, trink ich lieber Tee.«

Man will den Stuhl zurückschieben wie ein Berserker, aufspringen und schreien:

»DANKE FÜR DEINE EHRLICHKEIT IM ANGESICHT DER GEFAHR! Hättest du mich angelogen, nur damit ich dich weiterhin für einen knüppelharten, kaffeesaufenden Wikinger halte, wäre es kein schöner Tag geworden! Danke für so viel Ehrlichkeit! Ich bin so brutal froh, dass du mir deine Seele bis ins Tiefparterre geöffnet hast, denn nun muss ich nicht mit der Bürde leben, dass du dich hier selbstverleugnend mit Latte Macchiato vollzimmerst, um dann in deiner Wohnung weinend und ruckartig in einen Eimer zu reihern, um das ganze Teufelszeug aus dem Balg zu kriegen, du feiner Mensch, du! Ehrlich gesagt, es ist mir übrigens komplett latte, ob du Latte trinkst, Tee, Eigenurin, Ahoi-Brause, Wurstwasser oder Klosterfrau Melissengeist, mon ami. Ich wollte hier nur mit dir sitzen.«

Will sagen: »Ehrlich gesagt« sollte man sich für die ganz großen Beichten aufheben, den epochalen Story-Twist, aber nicht für so einen Unfug.

Obwohl: Was sind das für Leute, die keinen Kaffee trinken? Wenn du herzkrank bist – ok! Aber welcher windschiefe Hallodri trinkt denn keinen Kaffee? Was ist kaputt bei diesen Personen? Wie fertig mit der Welt kann man sein? Egal. Ehrlich gesagt.

Roundabout

Neu denken. Also *etwas* neu denken – diese Phrase wird gern von den Christian Lindners dieser Welt benutzt: »Wir müssen das Zusammenleben in Deutschland neu denken.« Ist klar.

Sachen neu denken ist der nächste heiße Scheiß. Ist ja auch besser, als was zu machen. Einfach mal was neu denken. Leider benutzt man dafür immer noch das alte Gehirn. Ich sage mir ja auch jeden Tag: Wir müssen Pommes neu denken. Stichwort Backofen-Pommes. Ernsthaft. Was ist das? Bei Backofen-Pommes gibt es ein exakt 12-sekündiges Fenster, in denen die Pommes gut werden. Alles davor: pimmelweiche Pommesschlaffis. Alles danach: Gleisnägel. Kannst du mit dem Hammer drauf kloppen. NEU DENKEN! Das sollten wir den Philosophen überlassen. Leuten wie Hegel, der sagte: Wer gegen das Endliche zu ekel ist, der kommt zu gar keiner Wirklichkeit, sondern er verbleibt im Abstrakten und verglimmt in sich selbst.

Ne? Oder?

Wir müssen nicht alles neu denken, das ist pseudo-hipper Slim-Fit-Sakko-Spacken-Kokolores. Wir müssen es neu machen. Aber machen ist immer so anstrengend. Komm, egal. Gibt Schlimmeres.

Beispiel, neulich im Radio gehört: »**Roundabout** 2,3 Millionen Deutsche bekommen Kurzarbeitergeld.«

Roundabout? Wer redet so? Ich sag mal nix dazu, dass *Roundabout* im Englischen Kreisverkehr bedeutet und deswegen ein Datenblatt für die geschätzten Kosten eines englischen Kreisverkehrs vermutlich *Roundabout Roundabout Paper* heißt, was aber albern ist. Noch alberner ist nur, wenn ein Deutscher Roundabout benutzt, wo er eigentlich meint: keine Ahnung. Als Deutscher klaren Verstandes kann man das eigentlich nur so sagen: Papa schaut dem Zweijährigen sehr leise beim Stapeln von Holzklötzen zu, wendet sich an Mutti und raunt: »Er baut!« Fertig.

Roundabout ist ein guter Name für die Sorte Fahrgeschäft auf der Kirmes, wo dir beim ersten Überschlag das ganze Münzgeld in die Fresse knallt. Da würde ich dann auch einsehen, wenn auf dem Schild am Kassenhäuschen steht: *Roundabout sechs Euro*. Denn das sind dann exakt sechs Euro. Plus das Geld, das dir in die Fresse geflogen ist. Dann hast du natürlich SO EINEN SCHÄDEL nach der Fahrt, schadet aber nix, dann kannst du immerhin mal zehn Minuten nix NEU DENKEN, du Dödel. Ich reg mich schon wieder auf hier. Komm, egal.

Nächstes Mal dann: **Das ist Jacke wie Hose.** Ich teasere Ihnen das jetzt schon mal an, dass es da einen Unterschied gibt.

Kopf in 'n Nacken

Jetzt befassen wir uns mal nicht mit Redewendungen, die einfach nur dämlich sind, sondern mit Sätzen, die wir nie mehr hören wollen.

Mein Platz 1: **Bitte einmal den Kopf in den Nacken legen.** Gerade vor 'ner Stunde wieder vernommen. Denn außer zur Haarwäsche beim Friseur ist noch nie was Entspannendes dabei herausgekommen, wenn man den Kopf in den Nacken legen musste. Ich durfte diesen Satz schon so viele Male hören, dass er für mich allmählich seinen Sinn verliert. Ich hatte schon jede Menge annehmbarer COVID-Schnelltests, aber angenehm war keiner. Mehrfach aber hatte ich schon die Wahl zwischen Rachen- und Nasenabstrich, wobei speziell der Nasenabstrich eine irreführende Bezeichnung ist, denn die Nase selbst kommt nur ganz kurz am Anfang vor. Der nächste Meter spielt sich ganz woanders ab. Das ist, als würde man sagen, ich war im Urlaub im Gotthard-Tunnel, obwohl man in Italien war. Und zwar ganz vorne am Stiefel.

Und bei der Vielzahl der Tests bleibt auch das Menschliche auf der Strecke, finde ich.

Schnelltests sind schnell. Das liegt in der Natur der Sache. Rein, raus, fertig ist der kleine Klaus. Da bleibt nicht viel Zeit für Zwischenmenschliches. Außer, man nimmt sich diese Zeit. So wie ich.

»Morgen! Bitte einmal den Kopf in den Nacken legen.«

»Buon Giorno. Mein Name ist Torsten Sträter ... Und Ihrer?«

»Daniel Kühnert.«

»Schön«, sage ich. »Darf ich Sie Daniel nennen?«

»Von mir aus. Bitte einmal den Kopf in den Nacken legen.«

»Daniel, nennen Sie mich übervorsichtig, aber mir ist generell daran gelegen, Personen, die mir Gegenstände in Körperöffnungen stecken möchten, im Vorfeld ein kleines bisschen näher kennenzulernen. Wäre das okay für Sie?«

»Aber die anderen Patienten ...«

»Die interessieren uns nicht. In diesem Moment gibt es nur Sie, mich und diesen langen Stängel, den Sie gleich zu fünfundsiebzig Prozent in meinem Schädel verschwinden lassen werden. Ich finde, da ist es wichtig, dass man vorher ein gewisses Vertrauensverhältnis aufgebaut hat. Meinen Sie nicht auch?«

»Ich, äh ...«

»Na prima. Machen Sie das hier schon länger, Daniel?«

»Warum?«

»Öffnen Sie sich, Daniel. Hier ist kein Platz für Scham.«

»Zwei Wochen.«

»Interessant. Und was machen Sie sonst so, wenn ich fragen darf?«

»Ich studiere Medizin. In Bochum.«

»Schön«, sage ich. »Denn Daniel: Ich will ehrlich sein. Hätten Sie jetzt ›Schmied‹ gesagt oder ›Seifensieder‹, wären bei mir die Alarmglocken angegangen. Aber so weiß ich nun, dass ich bei Ihnen eine gewisse Sensibilität und Vorsicht voraussetzen kann, die ein Schmied oder ein Seifensieder möglicherweise so nicht hätten bieten können.«

»Okay.«

»Prima. Da wir das ja jetzt geklärt haben, besteht nun somit eine gewisse Vertrauensbasis, die das Prozedere für uns beide vielleicht ein kleines bisschen leichter macht.«

»Na ja.«

»Darf ich dich duzen? Herr Kühnert?«

»Okay.«

»Danke. Auf ein Wort noch. Sei dir trotz allem, trotz dieser zarten Flamme der Sympathie, die ohne Frage zwischen uns lodert, diesem Funken des gegenseitigen Respekts, sei dir trotzdem darüber im Klaren, Danny-Boy, dass ich, wenn du mir diesen Pinnorek auch nur einen MY zu tief in die Rübe schiebst, dich fällen werde wie einen Baum. Okay, Danny-Baby?«

»Bitte einmal den Kopf in den Nacken.«

Klar. Tests sind nötig. Trotzdem: Ich kann's kaum erwarten, diesen Satz nie wieder zu hören.

Der andere Satz, der mir so richtig auf die Nerven geht, ist eine Frage – oft gestellt von Leuten, die in Interviews oder Gesprächen originell sein wollen. Der Fragesteller scheint immer zu denken: Sooo, jetzt wird mal um die Ecke gedacht, jetzt kommt mal 'ne Frage mit richtig Pfiff, da sind Kreativität und Schnelligkeit gefragt, der wird Augen machen! Und diese Frage lautet … festhalten:

Welche drei Dinge würden Sie mit auf eine einsame Insel nehmen?

Bitte halten Sie mich nicht für abgehoben. Ich habe in den letzten Jahren viele Interviews gegeben, und ich habe so häufig die immergleichen Fragen beantwortet, zum Beispiel »Wie hat das alles bei Ihnen angefangen?«, dass ich mittlerweile auch Stuss antworte wie »Wissen Sie, mein Großvater hatte einen Hüpfburg-Verleih in Narnia«, aber im Prinzip mache ich das gerne. So Interviews. Aber wehe, wehe es kommt: Welche drei Dinge würden Sie mit auf eine einsame Insel nehmen?

Es gibt verschiedene Arten, darauf zu antworten.

Mit Gegenfragen zum Beispiel: Ist die Insel einsam? Oder wohnt da einfach keiner? Wie groß ist die Insel? Wie bin ich dahin gekommen? Reisebüro? Schön gebucht, und bei Vertragsunterzeichnung hat die Dame vom Reisebüro ganz beiläufig gesagt: »Ach, noch was, auf die völlig verwaiste Mallewucken-Insel dürfen Sie nur drei Gegenstände mitnehmen. Nicht vier, nicht zwei. Drei.«

Und ich habe dann erwidert: »Was ist das denn für eine bekackte Insel?«

Die ganze Frage ist bescheuert. Das sagt doch nix über einen aus. Die Leute sollen sich mal andere Fragen einfallen lassen. Egal was. Reporter, verschmitzt: »Herr Sträter, welche fünf Gewürze nehmen Sie mit auf einen Flugzeugträger?« oder: »Mit welchen drei Promis, die mit I anfangen, ziehen Sie in eine WG?« Äh … Ikarus, Idi Amin und Inge Meysel.

Originelle Fragen. Die Geißel der Menschheit.

Die korrekte Antwort auf »Welche drei Dinge würden Sie mit auf eine einsame Insel nehmen?« lautet übrigens: Beuteltier, Atomkraftwerk und Winkelschleifer. Beziehungsweise: Katapult, Melkfett und Colt Seavers. Es ist egal, was man antwortet, denn die Frage ist das Problem. Ich bin immer zu höflich, um einfach aufzustehen und zu gehen. Aber ich denke, dass aggressivere Gemüter als ich mit dieser Frage Schwierigkeiten bekommen könnten.

»Herr Kinski, welche drei Dinge würden Sie mit auf eine einsame Insel nehmen?«

KLATSCH.

Und als Nächstes sitzt der Fragesteller in der Notaufnahme und hört: »Bitte einmal den Kopf in den Nacken legen.«

Selbsterklärend

»Das ist selbsterklärend.«
Wer kennt das nicht?

Im Elektronikmarkt. Telefon kaufen. Frage den Verkäufer nach den Funktionen und der Bedienbarkeit.

Antwort: »Das ist selbsterklärend.«

Ich: »Wann?«

Verkäufer: »Was wann?«

Ich: »Wann erklärt es sich selbst?«

Verkäufer: »Wenn Sie es einschalten.«

Ich: »Es spricht?«

Er: »Nein.«

Ich: »Was denn dann?«

Verkäufer: »Es ist sehr selbsterklärend aufgebaut.«

Ich: »Wo steht das?«

Verkäufer: »In der Bedienungsanleitung.«

Ich: »Ach, die gibt's trotzdem?«

Verkäufer: »Sie sind ein Korinthenkacker.«

Ich: »Dafür, dass es selbsterklärend ist, reden wir schon ganz schön lange drüber.«

Und der Grund, meine Damen und Herren, sollte klar sein. Auf diesem Planeten ist nichts selbsterklärend. Das Universum, das Leben, der Tod, Bananen. Nichts davon ist erst mal selbsterklärend. Wie viele Menschen haben in der Geschichte dieses rotierenden Klumpens, den wir Erde nennen, über Jahrtausende Bananen mit Schale runtergewürgt? Wann hat der erste Mensch, vielleicht einer der Borgias, in

Samt und mit Pumphosen, erstaunt gesagt: Ach, kann man abmachen, das Gelumpe?

Obwohl: Doch. Eins gibt's. Das einzige Selbsterklärende, das ich je kennengelernt habe, traf ich auf einer Party. Es hieß Marcel.

> *»Hey, ich bin der Marcel. Krasse Fete, oder? Ich bin ja nicht so der Partygänger, von Natur aus, eher so zurückgezogen, ich mach zu Hause viel mit Holz, also Balsaholz, ganz leichtes Material, lässt sich kleben wie nix, auch ohne* UHU, *diese Markenkleber sind ja Etikettenschwindel, da gibt es billige Alternativen ohne fettes Preisschild, und man muss ja aufs Geld achten, ich bin ja als Grundschullehrer auch nicht vom Glück begünstigt, nix mit verbeamtet oder so, und dann guckt man halt, wo man bleibt, auch wegen der Scheidung, die Bärbel war aber auch ein Luder, nach vorne immer etepetete, feine Dame, aber wenn man sich umgedreht hat – pfui, die hätte sich den Mund mit Seife auswaschen sollen, ganz gehässiges Fräulein, und empfindlich wie nix gutes,* EIN *Zimmerbrand mit dem Lötkolben, und schon war sie weg, und du so?«*

»Genau das Gleiche«, sage ich.

Aber im Prinzip ist »selbsterklärend« eine hohle Phrase für Dinge, die man trotzdem kurz erklärt haben müsste, oder, im Falle von Marcel, nicht.

Ich sage bewusst *nicht*, und nicht NICHT WIRKLICH. Das ist auch so'n schiefes Teil.

»Na, geht's gut?«

»Nicht wirklich.«

Was bedeutet diese Antwort? Nicht wirklich?

Die Wirklichkeit ist ja hier, und ziemlich genau jetzt, also was habe ich unter »nicht wirklich« zu verstehen? Dass du in den Tiefebenen von Mittelerde, wo du dich bevorzugt aufhältst, weil du da ein seltenes, hoch anerkanntes Mischwesen bist, halb Hirsch, halb Verwaltungsfachangestellter, mit donnernden Hufen und Laptop die Auen rauf- und runtergaloppierst, und vom letzten Pimmelzwerg bis zum Halbtags-Ork winkt dir jeder zu und bietet pralle Früchte feil, auf dass sie dir famos munden mögen, weswegen du *da* ziemlich vortrefflich geschlafen hast – in Wirklichkeit aber nicht? Oder was? Dann sag doch einfach: »Nein! Hab mich die halbe Nacht gewälzt, Filtertüten alle, war noch nicht kacken, Straßenbahn war voll.« Das ist nicht schön, aber wirklich besser als »nicht wirklich«, Alter.

Und beim nächsten Mal dann die Phrase, die man bringt, wenn das zuvor Gesagte überhaupt keinen Zusammenhang hatte, nämlich: **In diesem Sinne.**

Guter Weg

Tauchen wir einmal ein in die Sprach- und Gedankenwelt unserer Führungskräfte.

Vorneweg: Von mir kommt kein böses Wort über so Scheiße wie »Das würde ich greenlighten« oder »Wir müssen out-of-the-Box denken«, denn das ist nur aufgeblasener Kokolores für nassrasierte Spagullos im mittleren Management.

Die wahren Geschosse finden wir im Deutschen. Vor einiger Zeit sagte die damalige Kanzlerin zu Themen wie Menschenrechte, Klimawandel et cetera pp.: »In einigen Bereichen sind wir auf einem guten Weg.«

Sprechen wir über den **guten Weg**. Es gibt gute und nicht so gute Wege. Wenn du morgens um elf nach Bochum willst, ist die A40 *kein* guter Weg. Wenn du eine Diät machen willst, deren Ergebnis eine Gewichtsreduktion ist, sind täglich vier Mahlzeiten mit je 1,2 Kilo Fürst-Pückler-Eiscreme *kein* guter Weg. Ein guter Weg hingegen sind die letzten vier Meter am Borkumer Strand, bis das Wasser um deine Füße gischtet … Gischtet, ein Wort, das klingt, als käme es aus Rheinland-Pfalz. Gischtet. Egal.

Was die Kanzlerin indes meinte, ist: Wir könnten uns vorstellen, da irgendwann mal was Halbherziges zu machen. Sonst nichts. Immer, wenn jemand sagt: »Wir sind auf einem guten Weg«, ist nicht viel passiert. Bitte ab sofort selbst ausprobieren.

Zahnarzt: »Sie stinken aus dem Maul. Putzen Sie sich nie die Zähne?«

Antwort: »Ich bin auf einem guten Weg. Habe mir bereits Zahnbürsten im Internet angesehen.«

Beim Tätowierer: »Hören Sie! Das ist gar kein Tiger, was Sie mir da gestochen haben!«

Antwort: »Stimmt. Ich kann keine Tiere, deswegen der Nikolaus. Aber ich bin auf einem guten Weg.«

Bußgeldbescheid: »Sie wurden geblitzt, und zwar mit 182 km/h statt der erlaubten sechzig.«

Antwort: »Unfair! Ich hab direkt vorm Blitzer von zweihundertvierzig abgebremst! Ich bin auf einem guten Weg.«

Fazit: Wer auf einem guten Weg ist, ist nirgends. Auf die Frage nach den Maßnahmen, um dem Klimawandel entgegenzutreten, mit »Wir sind auf einem guten Weg« zu antworten, schafft keinen Erkenntnisgewinn. Es wäre besser, dann zu sagen: »Keine Ahnung, aber privat esse ich gerne Kartoffelstampf und sammle Teller mit Katzenmotiven.« Ergebnisse sind wichtig. Der neblige Weg dahin interessiert keine Sau.

Ich nehme an, Sie stimmen mir zu. So sagt man das. Was man nicht mehr sagen sollte, ist: »Da bin ich bei Ihnen« oder, wegen der Amputations-Vibes schlimmer noch: »**Da bin ich** *ganz* **bei Ihnen.**« Was – im Namen Jesu – soll das?

Ich erinnere mich noch an den Tag, als ich das zum ersten Mal hörte. Ich war auf einem Kultur-Empfang in Berlin. Ich stehe rum, um mich eine Gruppe mir unbekannter Herren. Es gibt Häppchen. Nach drei Minuten weiß ich nicht mehr, was ich sagen soll, also bringe ich den Klassiker:

»Das Wetter war ja diese Woche noch ganz ordentlich für März.«

Fremder Mann: »Da bin ich ganz bei Ihnen.«

Ich: »Wann?«

Mann: »Das Wetter!«

Ich: »Wie das Wetter? Wann sind Sie wo?«

Mann: »Na, war mild.«

Ich: »Ja klar, aber wann im März sind Sie bei mir?«

Mann: »Was?«

Ich: »Was?«

Stille.

Mann: »Was bin ich?«

Ich: »Sie wissen doch gar nicht, wo ich wohne.«

Mann: »Was?«

Ich: »WO sind Sie im März?«

Mann: »In Kärnten.«

Ich: »Ja, aber ICH DOCH NICHT!«

Mann: »Inwiefern?«

Ich: »Das geht mir alles zu schnell.«

Also, was soll das für eine blumige Umschreibung sein für »Ich stimme zu?«

Es wäre passend, wenn Gandalf das gesagt hätte: »Erwartet mein Kommen, beim ersten Licht des fünften Tages. Bei Sonnenaufgang. Schaut nach Osten. Denn dann bin ich ganz bei Ihnen.«

Aber so klingt es einfach nur seltsam. Keine Ahnung, wer das gegreenlightet hat, aber derjenige ist auf einem guten Weg, inside the box gestopft zu werden und dann KNÜPPEL AUS DEM SACK, KOLLEGE!

Meine Fresse. Nächstes Mal dann eine weitere sprachliche Zustimmungs-Geißel, diesmal für frankophile Halbaffen-Ochsenfrosch-Sacknasen mit dem beliebten: **Da geh ich d'accord**. Ja genau, geh du Dacord. Und nimm deine Jacke mit.

Laberkopp.

Geringverdiener

Ich bin ja selbst auch nicht einer, der immer auf alles achtet. Ich werde nicht müde zuzugeben, dass ich oft genug Müll labere oder unsensibel bin. In Dortmund am Bahnhof hat mich letztes Jahr ein etwas zerfledderter Punk angesprochen, und zwar mit den Worten: »Hey, hast du 'n bisschen Geld?« Ich habe geantwortet: »Ja, ich hab noch, nett, dass du fragst«, und bin weitergegangen. Aua. Ich Dummkopf. Aber darf mich das davon abhalten, die Kackphrasen dieser Welt auf meinen persönlichen Amboss zu legen und drauf rumzuhämmern? Nein.

Ich hab da ja so meine Charts. Ganz schlimm zum Beispiel: **Geringverdiener**. Einer der falschesten Begriffe überhaupt. Welcher sich mental an den Kanten wellender Eumel hat das erfunden? Vor allem für Menschen, die schlecht bezahlt werden. Denn das werden sie. Andreas Scheuer hingegen ist ein Mann mit sehr schönem Haar, dem man zurufen möchte: »Andi, ich gehe jetzt einkaufen. Finger weg vom Telefon, einfach still da in den Sessel, und vor allem: Wenn's klingelt, unterschreib nix.« Und Andi Scheuer, sehr geehrte Damen und Herren, bekam für seinen Posten ein SCHWEINEGELD, ist aber jemand, der BEDEUTEND weniger verdiente. Das ist 'n Geringverdiener.

Oder: **Morgenroutine**. Das bin ich echt schon mehrfach gefragt worden. Herr Sträter, was ist Ihre Morgenroutine?

Pissen.

Das ist meine Morgenroutine. Pissen. Oft steh ich extra dafür auf.

Ich kriege auch Zustände, wenn jemand **So nach dem Motto** sagt. Weil es nie nach einem Motto aufgebaut ist. Ein Motto ist ja zum Beispiel, sagen wir mal: Lächle, und die Welt verändert sich, oder von mir aus: Was du heute kannst besorgen, das verschiebe nicht auf morgen. Oder: Gehe nicht zu deinem Fürst, wenn du nicht gerufen würst. Ein Leitgedanke sozusagen. Aber ich kenne Menschen, die sagen: »Glaubse nicht, komme ich heute ausm Haus, gehe dahin, wo mein Auto parkt, aber schon immer, ungelogen seit mindestens 2006, und das erste Mal überhaupt: Knöllchen über 30 Euro. Gut, da ist Halteverbot, aber wie gesagt, nix seit 2006, und plötzlich doch! So nach dem Motto, dat ist 'n Porsche, der hat's doch, das Arschloch, den rauben wir aus.«

Ich weiß, das kommt jetzt ungelegen, aber: »Dat ist 'n Porsche, der hat's doch, das Arschloch, den rauben wir aus« IST KEIN MOTTO. Sondern einfach ein nicht so pfiffiges Selbstgespräch.

Oder dass Menschen bei Vorstellungsgesprächen immer sagen, sie suchen eine **neue Herausforderung**. Ich suche das bei 'ner neuen Arbeit nicht. Warum auch? Wenn Sie eine neue Herausforderung suchen, reiben Sie sich mit Hack ein und pennen im Schakal-Gehege. Ansonsten sollten Herausforderungen nur bei Duellen stattfinden.

»Sie haben meine Omma ein loses Frauenzimmer genannt. Ich fordere Sie heraus. Morgen früh um fünf, Rhein-Herne-Kanal. Ihnen obliegt die Wahl der Waffen. Aber nix aus Holz und kein Gemüse.«

'ne berufliche Herausforderung wäre eigentlich nur, wenn Sie seit dreißig Jahren Lackierer sind, am Mittwoch aber in der Chirurgie anfangen. Sie haben Anspruch auf eine erfüllende

Arbeit, die Sie beherrschen. Seien Sie ruhig begeistert, aber begreifen Sie es nicht zwingend als Herausforderung. Seien Sie aber nicht zu begeistert: Sat.1 zum Beispiel hat um 2001 ein bisschen erregt folgenden Slogan benutzt: Powered by Emotion. Also »Unterstützt durch Gefühl«. Ja, gut. Ist zwanzig Jahre her. Aber dieses Powered by Irgendwat taucht jetzt immer häufiger auf. Und neulich hab ich einen Transporter gesehen, auf dem stand wirklich: *Sanitär Wenske,* und darunter in so einer Hui-jetzt-komm-ich-Schrifttype: *Powered by Sanitär Wenske.*

Ich find das ja echt gut, dass die Firma Wenske sich auch tatkräftig selbst unterstützt, indem die sagen, wir sind Wenske und greifen uns ganztags massiv selbst unter die Arme. Wäre auch doof sonst, aber es wirkt ein bisschen ungelenk. Na ja, solange die nicht aufgeben und sich gegen sich selbst wenden und dann steht dann da: *Sanitär Wenske: Keramik ist pfui!* Oder *Sanitär Wenske: Geht so, nee, frag lieber nicht, Uiuiuiui.* Trotzdem. Es regt mich auf. **Nichts für ungut.** Wo ich auch nicht verstehe, was das bedeutet. Was für'n Ungut? Was heißt das? Ist Ungut ein orientalischer Herrenvorname? *Diese Hose ist nichts für Ungut Karaböllek?* Wo kommt das her? Ich verstehe es null. Aber ich steigere mich rein. Ich hör jetzt hier auf.

Beim nächsten Mal dann: **Da kannste mich mit jagen!** Gott, wie ich das hasse. Das sagen immer so Peoples, wenn's um was völlig Lächerliches geht. »Also jetzt mal ehrlich: Karamellpudding. Kannste mich mit jagen.« Ja, kann ich machen. Gerne ... und wenn ich dich dann nach einer viertägigen Treibjagd mit Schäferhunden und einem Tieflader voller Pudding mit dem Rücken an der Wand habe, dann werde ich sagen: »Hab ich dich.« Und du wirst rufen: »Das ist doch nur 'ne Redensart.« Und ich werde rufen: »JA, ABER SIE PASST NICHT! ÜBERTRIEBEN! So nach dem Motto: ZUR MITTE, ZUR TITTE, ZUM SACK, ZACK ZACK.« Nix für ungut.

Monothematisch

Heute kenne ich nur ein Thema. Nämlich »monothematisch«.

Wäre es nicht großartig, ja, tröstlich, wenn »Monothematisch« eine erfolglose New-Wave-Band aus Wuppertal-Elberfeld gewesen wäre? Gegründet im Januar 1981, aufgelöst kurz vor den Osterferien aufgrund musikalischer Differenzen? Und sich nur eine kleine Schar Eingeweihter daran erinnern könnte, dass dieses Zerwürfnis wohl daraus resultierte, dass der Keyboarder, Dirk Lüdgenhaus, der sich selbst *The Dark Dirk* nannte, donnerstags nicht mehr zur Probe kommen konnte? Angeblich wegen Drogenentzug, aber später kam heraus, es lag wohl doch eher an Babsi Pöllig aus der Parallelklasse? Aber nein, »monothematisch« ist einfach nur ein Fremdwort für arschlangweilig.

Oder, kann auch sein, wir sprechen es alle falsch aus, und es handelt sich in Wirklichkeit um ein exquisites Möbelstück: der Mono-Thema-Tisch. Darfst nur dran sitzen, aber nix dran essen.

Keine Ahnung. Langweiliges Thema.

Schön hingegen diese Business-Deppen-Phrase: **am Ende des Tages**. Da sitzen sie, die Macher der Kreissparkasse Unterhumpfdodlbach, im Kreis, graue Büromöbel, an der Wand ein Plakat mit der Aufschrift WENN KEIN WIND GEHT – RUDERE, man möchte gedanklich hinzufügen: Oder besorg dir einen Außenbordmotor, du Affe, der Filterkaffee fließt, als ob's kein Morgen gibt, und diese harten Spekulanten, the Chihuahuas of Wallstreet, die Anpacker, erstarren ehrfurchtsvoll, als der Filialleiter das ultimative Ding raushaut: »Am Ende des Tages zählt nur, was wir an Umsatz drinne haben.«

Ja, er sagt auch drinne, aber es geht um »am Ende des Tages«. Das kommt vom Englischen *at the end of the day*, da klingt es noch halbwegs nach 'nem Schwarzenegger-Film, aber wir Deutschen adaptieren so was gern. Ist genauso wie *it makes sense*, woraus im Deutschen dann wird: **Es macht Sinn**. Man kann zwar keinen Sinn machen, höchstens Konversation oder Frieden, und man kann Aa machen – aber Sinn nicht. Klar. Was am Ende des Tages keinen juckt. Wissen Sie, was man am Ende des Tages machen sollte? 'ne heiße Milch mit Honig, und dann ab in den Schlafanzug, den meine Omma immer »Schlawanzuch« nannte, klang ein bisschen nach polnischer Eisenbahn, und der musste aus Frottee sein, der Schlafanzug jetzt, und dann ging man ins Bett, frisch bezogen, kleines Nachtlicht an, Kassettenspieler auf play, und dann: Hui Buh. Mit Hans Clarin, Schloss Burgeck und der rostigen Rasselkette. Das ist am Ende des Tages. Oder sollte es sein. Vielleicht. Manchmal. Aber man sollte nicht versuchen, den mit allen Wassern gewaschenen Provinz-Gordon-Gecko zu geben, wenn's sich vermeiden lässt. Du Heiopei.

Das nächste Mal dann: **barrierearm**. Das ist nicht der harte Huf von Sylvester Stallone, der Barrierearm, sondern das Wort, das man benutzt, wenn das mit dem behindertengerecht nicht so richtig hingehauen hat. »Treten Sie ein, dies ist Ihr neues Reich! Hier können Sie mit dem Rollstuhl ungehindert bis ins Esszimmer gleiten. Ja! Und sehen Sie diese Aussicht über die Skyline von Bottrop. Was? Nein. Zum Kacken müssen Sie diese fünf Meter hohe Balsaholz-Pyramide überwinden. Viel Spaß in der neuen Wohnung.«

Personaldecke

Ich mag Wortschöpfungen an sich gern. Selbst die beim Bäcker. Ich mag die Arbeit von Bäckern metaphorisch wie wörtlich sehr gern. Das ist natürlich kein Grund, seinem Gebäck nicht anständige Namen zu geben. Ich habe kein Verlangen, mich vor Scham wie ein Aal zu winden, wenn ich beim Bäcker Bestellungen aufgebe, wie »Ich hätte gern sechs Roggen-Rabauken, vier Dinkel-Parmesan-Pimmel, einen flotten Heinrich mit Mohn, zwomal Kurt, die Kürbis-Kante und dann ein halbes Superboost-Eiweiß-Pur-Conan-der-Barbar-und-sein-Schwager-da-scheisst-der-Hund-ins-Feuerzeug-Powerbrot bitte.« Ich sag aber ohnehin meistens »Folgendes: Vier von ihm hier.« Oder: »Das X da, zweimal.« Kein Problem.

Mir geht's in diesem Text eher um Begriffe aus der sogenannten Arbeitswelt. Begriffe, die ersonnen wurden von irgendeinem Suppenkasper, der gerade zum Gardinenbügeln auf der Trittleiter stand, als die Boutique für neuronale Verknüpfungen Tag der offenen Tür hatte. Also schlimme, schlimme Begriffe, die nun für immer in den Hirnschalen sogenannter Chefs herumkollern. Unfug wie: »Wir sind für diesen Fall gut aufgestellt.«

Von wem? Von IKEA?

Oder noch fieser: das älteste Gewebe der Welt, die **Personaldecke**. Was soll das sein? Das sind Menschen! Viele einzelne Menschen, die in der Regel ihr Allerbestes geben, oft für den Mindestlohn, und die werden dann kollektiv als Personaldecke bezeichnet? Das sagt ihr doch so: Wir haben gerade eine dünne Personaldecke. JA, DANN ZIEH DIR 'NE JACKE AN! Vielleicht sind deine Leute krank, oder haben Urlaub, oder Probleme, oder einfach die Schnauze voll. Die PERSONALDECKE! Es ist so unbedacht gewählt! Weißte wat? Wenn deine Mitarbeiter müde sind, oder mies drauf, dann solltest du dich aus deinem ergonomischen 950-Euro-Büffelleder-Bürostuhl erheben, dir die Bundfaltenhose über den Klempnerpfirsich zerren, zu deinen lieben Mitarbeitern gehen, fragen, ob du helfen kannst, und wenn jemand aus der großen Familie, die deine Bude da am Rotieren hält, schlecht drauf ist, dann ziehst du 'n Kakao im Aufenthaltsraum, gibst ihm den, und dann legst du ihm dieses große, weiche, tröstende deeskalierend sattlilafarbene Stück Kuschelstoff über die Beine – die sogenannte Personaldecke! Dann ergibt das Sinn! Das ist natürlich utopischer Quatsch, den ich hier rede, aber es ist nicht schlimmer als das seelenlose, unbedachte Phrasenteil PERSONALDECKE! Versuch dieses Wort zu vermeiden. Wertschätzung, die man dem Mitarbeiter demonstriert, ist am besten, aber das Ganze beginnt im Kopf. Da bin ich mir sicher.

Beim nächsten Mal dann: »Wir haben das jetzt ein gutes Stück auf den Weg gebracht« – mein Lieblingssynonym für »Nix geschissen kriegen«.

Quasi

Man ist ja selbst auch immer in Gefahr, Bullshit von sich zu geben.

Man hat einfach diese antrainierten Mechanismen.

Morgens im Fahrstuhl, noch im Halbschlaf. Nachbar steigt zu.

Ich: »Und? Wie geht's?«

Tonlos gemurmelte Antwort: »Der Hund ist heute Nacht gestorben.«

Ich: »Na, das hört man doch gern!«

Mir geht's aber wie immer um den Blödsinn, den wir quasi bewusst sagen. **Quasi** zum Beispiel. Jeder benutzt es. Dabei bedeutet das Kackenhauerwort »quasi« nichts weiter als »sozusagen«. Also bringt es nicht viel, so was zu sagen wie »Ich verlege quasi Laminat.« Außer man nagelt mit Absicht und ohne Auftrag grobe Bohlen in anderleuts Wohnzimmer und möchte, dass dieser gottlose Akt als Laminatverlegen erkannt wird. Was man sagen kann, ist: »Ich bin quasi Modo.«

Denn *modo* ist, wie auch *quasi*, quasi Lateinisch und bedeutet »jetzt«. Also meint *Quasimodo:* sozusagen jetzt. Jetzt ist übrigens sozusagen Zeit, nicht mehr drüber zu reden.

Stattdessen ein echter Superschurke der Kommunikation, nämlich: **Ich sach mal so**. Der Halbsatz klingt immer wie die Ankündigung einer völlig neuen Erkenntnis, wie das sinnvolle Eindampfen eines komplexen Sachverhalts auf die harten, ungeschönten Fakten, aber eigentlich hat das noch nie jemand eingelöst.

Es ist wie auf der Kirmes. Das Kinderfahrgeschäft lockt

einen mit *Coco Jambo* in einer Lautstärke, dass dir der Kitt aus der Brille fliegt, aber das Fahrgeschäft selbst macht 0,5 km/h. Sicher, der zweijährige Pansen im Hubschrauber soll sich nicht die Beine brechen, aber trotzdem: großes Trara und dann Enttäuschung.

»Ich sach mal so« liefert in der Regel keine echten Erkenntnisse. Man könnte ebenso eröffnen mit: »Merke auf, nun spricht dein König, du Pillemann!«

Oder: »In Dresden gibt's 'ne Eisdiele, die gehört Terence Hill.« Was übrigens stimmt. Was danach kommt, ist meist nicht so interessant wie die Eröffnung.

Was »Ich sach mal so« eigentlich bedeutet, ist: »Ich werde den nun folgenden Satz nicht singen. Ich werde keine Oboe imitieren. Ich werde nicht in Zungen sprechen wie Sanskrit oder das aus dem Film *Der Exorzist* allseits beliebte Aramäisch, ich werde keine Geheimnisse in Runen auf eine beschlagene Scheibe atmen oder Knusper-Knusper-Eichhörnchen-Geräusche machen, nein: Ich werde was sagen. So werde ich es sagen. Einfach so.«

Und »Ich sach mal so« lasse ich künftig öfter mal weg, denn mit der eingesparten Luft kann ich 'n Mountainbike-Reifen aufblasen oder sie wahlweise für den Eigenbedarf wegatmen. Ist quasi egal. SCHEIßE! Da war's wieder.

Danke.

Ich danke Ihnen!

Bundeskanzler Olaf Scholz, vielen auch bekannt als das Phantom der Opfer oder die verschwommene Eminenz, ist ein wahrer Meister der Phrasen. Er sagt Dinge, die nicht mal auf Papier gut aussehen. Nicht nur beginnt er, bevor er irgendwas beantwortet, stets mit »Schönen Dank für Ihre Frage« – so als hätte man ihn nicht einfach was gefragt, sondern ihm für umme den Kaminsims verputzt. Nein, er sagt auch, wie viele andere, am Ende eines Gespräches sehr gern: »Ich danke Ihnen.« Nein. Eigentlich geht das so:

Interviewer: »Herr Scholz, eine Frage: Um 7:30 Uhr fährt ein Intercity voller Meerschweinchen von Göttingen aus nach Duisburg. Zeitgleich startet ein Regionalexpress mit neun Eimern Sülze im Ruheabteil mit halber Kraft Richtung Sylt. Welcher Zug ist zuerst in Mannheim?«

Scholz: »Schönen Dank für die Frage! Wir alle müssen dafür Sorge tragen, und ich sage das in aller Klarheit, dass die Deutsche Bahn AG in ihrem jetzigen Zustand zukunftssicher bleibt oder wird, und das können, wollen und werden wir nur bis zu einem gewissen Grad von Meerschweinchen abhängig machen können, das ist eine Frage des respektvollen Umgangs mit den Bürgern dieses Landes, aber ich schätze mal so gegen elf, oder, wenn das nicht zutrifft, früher oder – und auch das sei mit aller Klarheit gesagt –, später.«

Interviewer: »Danke, Herr Bundeskanzler.«

Scholz: »Ich danke *Ihnen*!«

Es geht gar nicht um den Text an sich, es geht mir um dieses: »Ich danke *Ihnen*!« Da sitzt einer ganz stramm auf dem

Betonungs-Moped. Ich danke *Ihnen*! Was soll das? Bedeutet das, dass der eigene Dank krasser ist als der von dem, der sich zuerst bedankt hat? Dieses *Ihnen* ist ein derartig übergeschauspielerter Starlight-Express-Betonungs-Hysterie-Unfall. Machen Sie das mal in Gelsenkirchen beim Bäcker:

»Vier Brötchen, bitte.«

»Hier. Macht einszwanzig.«

»Ich hab's passend.«

»Danke.«

»Ich danke *Ihnen*.«

»Was?«

»Ich danke *Ihnen*.«

»Wofür? Ein Brötchen kost' dreißig Cent. Vier mal dreißig, einszwanzig.«

»Ja.«

»Ja. Sonst noch etwas?«

»Das wäre alles. Schönen Tag noch.«

»Danke, auch.«

»Ich danke *Ihnen*.«

Dann: Faustkampf.

Also lassen Sie das. Gerade in so Frage-Situationen. Wenn einer Danke sagt, sagen Sie auch Danke. Sonst wirkt dieses »Ich danke *Ihnen*!« so, als wäre die Frage besser gewesen als die Antwort, was allerdings im Falle von Olaf Scholz auch stimmt.

Das andere Ding, das mich seit Jahrzehnten auf die Palme bringt, sind Menschen, die einem gewichtig zunicken und dann behaupten: »Also ich sage immer, was ich denke.«

Aha. Man weiß jetzt gar nicht präzise, ob das so eine Art Cerebrallappen-Durchfall ist, sie also immer alles sagen, was sie denken, also zum Beispiel beim Treppensteigen: »Hui.

'ne Stufe. Noch 'ne Stufe. Noch 'ne Stufe. Hui, noch eine. Hui. Noch eine.« Oder ob diese Leute einfach auf jedes Gebot der Höflichkeit pfeifen, wenn sie sagen, was sie denken. Wie der Bäckerei in Gelsenkirchen:

»Guten Tag, was darf's sein?«

»Sie sehen doof aus. Ein Brot.«

»Wie war das?«

»Ich sage immer, was ich denke.«

»Kann es sein, dass Sie dumm sind?«

»Nein. Ich lasse die Menschen ungefiltert an meinen Überlegungen teilhaben, ich bin ein pfiffiger Freigeist, der auf Konventionen pfeift, und das bereichert uns alle.«

»Na, wenn das so ist – also ich denke, ich werde Ihren schlaffen Körper neben den Idioten legen, der dauernd ›Ich danke *Ihnen*‹ gesagt hat.«

Dann: Faustkampf.

Teil 4

Weitere gute Texte

Buenos Dias

Willkommen zu: BUENOS DIAS – der kleine Lichtbildvortrag.

Schlimm vermisst: Kirmes. Konkret: Die Cranger Kirmes, sozusagen der Todesstern unter den Jahrmärkten. Die gibt's seit Jahrzehnten, ach, was sage ich: Centurien, Zentauren!

Cranger Kirmes ist für mich nur, wenn ich da mit dem Auto hinfahre, dann so weit weg von der Kirmes in dritter Reihe parke, dass ich 'ne Stunde zur Kirmes latsche, und zwar in einer 3000-Personen-Karawane. Darunter mache ich es nicht. Ist natürlich mühsam, aber dafür wird man vor Ort reich entlohnt. Vor allem wenn man andere reich entlohnt. Zum Beispiel hier:

Das gibt's sonst nirgendwo: die Frisur von Marge Simpson als Snack. Dazu eine der naturbelassensten Leckereien überhaupt! Besteht zu 122 Prozent aus reinem Industriezucker. Damit man sich davon nicht ein Pfund knirschend in den Schlund kippen muss, gibt es Nikolai Teslas Wunder-Zentrifuge: Zucker rein, Pin dranhalten – und schon hat man Zucker vom Volumen einer spätbarocken Anrichte. Zusatznutzen: Klebt wie Hulle, absolut unmenschlich, hat aber dafür ALLE Kalorien, peitscht dir den Blutzucker fiepend bis unter die Hutkrempe, und das alles mit einer Gewinnspanne von 4000 Prozent. Warum ist man nicht selbst draufgekommen? Das ist für mich Platz eins direkt vor DEM PARADIESAPFEL (nicht im Bild): ein Stück harmloses Obst, das man ja so nicht essen kann, da muss schon rote Lebensmittel-

farbe drauf und neun Schichten Klarlack, damit einem beim Reinbeißen der Unterkiefer auf den Asphalt poltert. Und wer in eine schoko-ummantelte Banane beißen kann, ohne zu denken: War ich heute schon mit dem Berner Sennenhund raus?, ist ein wahrer Feinschmecker vor dem Herrn. Oh, kulinarisches Atlantis, das sich Kirmes nennt!

Nächstes Bild.

Der Walk of Fame von Herne. Hier gibt's alles. Mysteriöses Softeis, das sich in blinden Strippen in die Waffel orgelt, tonnenweise Zwiebelfleisch, und den Enkeltrick als Entertainment, auch Losbude genannt. Wer liebt es nicht, für zehn Euro vierhundertmal in einen Eimer zu langen, dann

daumennagelgroße Lose aufzufriemeln und 382-mal zu lesen: LEIDER KEIN GEWINN. Also für dich.

Als ich klein war, wurde man von den Losen noch als NIETE tituliert, diese Zeiten sind Gott sei Dank passé. Die Gewinne allerdings sind die gleichen: chinesische Mickymäuse ohne Augen, für den Schlüsselanhänger; Zaubermaltafeln, die nur funktionieren, wenn man mit der Bohrmaschine ein Tier malt; Wasserkocher der allseits bekannten Marke GOLEM EXQUISIT; und der Hauptgewinn: ein vier Meter hoher, völlig entstellter Olaf aus *Die Eiskönigin*, gefüllt mit vierzig Kubikmetern molekülgroßer Styroporkugeln. Wenn der zu Hause aufplatzt, kann man umziehen. Und den schleppt man dann wie der letzte Armleuchter vier

Kilometer zum Auto. Aber: Es ist ein großer Spaß, und nur darauf kommt es an!
Weiter.

Das darf nicht fehlen. PURER FUN! So haben wir früher Mädchen kennengelernt! Für dreißig Mark Chips gekauft, mit Uwe in den Autoscooter und zack! Elektromobilität! Und es war so romantisch. Uwe fand die Babette aus der 8b so toll, der war richtig verliebt in die, also haben wir sie wie die Gestörten so lange gerammt, bis ihr die Zahnspange aus dem Gesicht flog. Sie rief dann: »HÖRT AUF, IHR SCHEISS-ASIS!«

Und in dem Moment sprang einer dieser streng riechenden Vokuhila-Barone auf unseren Scooter, einer von diesen

jungen Rasputins zum Mitreisen, der hatte eine Art Generalschlüssel und nutzte den, um uns quasi zu kapern. Ich fragte mich schon damals, ob die auch abends durch anderleuts Fenster glotzen, wenn eine Familie beim Essen sitzt, und dann die Haustür eintreten und sich wortlos ’n Teller Suppe auffüllen, jedenfalls rief Uwe: »DAT HIER IST DER ASI! ICH BIN COLT SEAVERS, BABETTE!«

Die waren dann auch vier Jahre zusammen. Na ja.

So ist das mit der Kirmes. Man kann sich immer über alles lustig machen, klar. Ist auch meine Kernkompetenz. Aber schön ist es doch. Man muss einfach ein paar Regeln beachten. Wenn du zuerst in die Raupe steigst und dann erst dein dickes Kind, bist du tot. Fliehkraft. Damit dein Kadaver nicht sinnlos neun Runden zu BEYONCÉ rumschlenkert, machen die dann das Verdeck zu, aber tot bist du trotzdem. Und das Matjesbrötchen und Fahrgeschäfte wie der BREAKDANCE gehen nicht gut zusammen: Es macht dich nicht zu Jesus, wenn du einen Fisch unter tausend Leuten verteilst, das lief damals anders.

Crange ist Liebe! Ja! Reine Liebe zum Spaß, und zur lauten Musik und dem ganzen Herumgeschleudere und so coolen Sachen wie der Geisterbahn, wo ein Skelett mit 20-Watt-Glühbirnen als Augen ruckartig »AAA!« macht, wo ich schon als Achtjähriger dachte: »Hmm-Hm.«

Alles großes Volksentertainment! Das Herz ist schön, der Text ist richtig. ABER: Essen Sie das Herz nicht. Niemals! Das ist gewürzte MDF-Platte. Sie werden schwer krank. Die Hexe bei Hänsel und Gretel hatte ihr Haus auch nicht daraus gebaut, damit man das isst, sondern wegen der Wärmedämmung.

Motivation

Liebe Nation, Bürgerinnen und Bürger, Nachbarinnen und Nachbarn, Mitmenschen, ich habe es mir zur Aufgabe gemacht, regelmäßig in inspirierender Weise zu Ihnen zu sprechen. Was man so inspirierend nennt! Denn ich möchte für Sie eintreten, Sie aufbauen, Ihnen helfen, diese Welt, in der wir leben, einzuordnen.

Ich habe das schon einige Male getan, und das immer gern.

Also:

Liebe Mitbürger, lassen Sie mich zu Ihnen sprechen! Öffnen Sie Ohren und Herzen!

Die Türdichtung an Ihrem Auto wird durch Silikonspray wieder geschmeidig! Zwei Sprühstöße, und es flutscht wieder.

Und, das sollten Sie nie vergessen: Grillfleisch haftet nicht am Rost, wenn Sie es vorher mit einer halbierten Kartoffel einreiben. Ernsthaft!

Und machen Sie sich bitte klar: Wenn du einem Schaf das Foto von einem anderen Schaf zeigst, gibt das betrachtende Schaf nur dann Laut, wenn es mit dem anderen Schaf auf dem Foto mal in einer Herde war. Das ist die Wahrheit. Und das Prinzip von Facebook!

Weiter! Ein Hippocampus ist ein Teil des Gehirns, keine Universität für Nilpferde!

Und: Sie können das Problem mit schwergängigen Schraubverschlüssen von Einmachgläsern lösen, indem Sie etwas anderes essen. So einfach kann es sein.

Der Mensch ist kompliziert: Wussten Sie, dass etwa neun Mal mehr Menschen behaupten, in Woodstock gewesen zu sein, als eigentlich da waren? Bäm.

Wenn Sie auf Mehl verzichten wollen, können Sie es beim Backen einfach weglassen! Es schmeckt dann zwar nicht mehr, dafür wird der Kuchen sehr kompakt!

Das Leben ist schwierig, gewiss! Schmerz ist unvermeidlich, Leiden ist optional!

Wenn Sie mal wieder an sich selbst zweifeln, denken Sie daran: Im Film *Mad Max* ist Mad Max der einzig Normale! Leben Sie mit den Widersprüchen des Lebens. In Dünkirchen steht eine sehr dicke Kirche. Man steckt nicht drin.

Wenn du alle Blutgefäße deines Körpers hintereinanderlegen würdest, ergäbe das eine Strecke von 100.000 Kilometern. Aber du wärst halt tot. Also nicht machen.

Menschlicher Speichel hat einen dreimal so hohen Siedepunkt wie normales Wasser!

Bei einer verstopften Toilette einfach mehrere Bögen rosa Löschpapier in die Schüssel legen. Das hilft zwar nicht, sieht aber besser aus.

Ehrlich gesagt geht mir hier allmählich der Bullshit aus, aber manchmal ist das eben so: Es gibt nichts Erbauliches zu vermelden, nix bewegt sich so richtig, keiner weiß, was noch kommt – ich selbst inklusive. Und doch spreche ich zu Ihnen.

Denn geben Sie es ruhig zu: In den letzten Minuten, in denen Sie dies lasen, waren Sie nicht in der Lage, einen einzigen strukturierten Gedanken zu fassen – und das ist gut so. Es entspannt das Gehirn. Also: Halten Sie durch! Gehen Sie in die Sonne, wenn Sie können. Haben Sie sich lieb. Kopf hoch. Füße hoch. Laune hoch. Es nützt ja nix. Danke. Wegtreten.

Das Nibelungenlied

Geschrieben um 1200, man weiß nicht von wem. Schade eigentlich. Worum geht's?

Original Teaser in Mittelhochdeutsch:

Uns ist in alten mæren wunders vil geseit
von helden lobebæren, von grôzer arebeit,
von freuden, hôchgezîten, von weinen und von klagen,
von küener recken strîten muget ír nu wunder hœren sagen.

Oder, etwas konkreter, ist ja schnell erzählt:

Siegfried ist ein Königssohn aus Xanten vom Niederrhein, das ist an der A42, und er hatte einst einen Drachen besiegt und in dessen Blut gebadet, einfach weil er's konnte, wodurch seine Haut zu Horn wurde, also ziemlich hart, das muss man mögen – bis auf eine Stelle übrigens, auf die ein Lindenblatt gefallen war; außerdem hatte er den Schatz des verstorbenen Königs Nibelung in seine Gewalt gebracht, indem er dessen Söhne und 'nen Riesen mit Balmung, so heißt sein Schwert, auch wenn das nicht passt, finde ich, denn wenn ich je einen guten Schubkarren-Namen gehört habe, dann Balmung, egal jetzt, erschlug; der Schatz wurde vom Zwerg Alberich mithilfe einer unsichtbar machenden Kappe bewacht, der wurde aber von Siegfried gefesselt, und Siegfried hat die Tarnkappe dann quasi abgegriffen.

Irgendwann hört Siegried dann von der Schönheit der Burgunderprinzessin Kriemhild und geht deshalb nach Worms. Kriemhild wohnt da mit ihren Brüdern Gunther,

Gernot und Giselher und ihrer Mutter Uote zusammen. Uote ist 'ne Guote. In Worms angekommen, fordert Siegfried Gunther auf, mit ihm zu kämpfen. Wie man das so macht, wenn man irgendwo uneingeladen aufläuft. Der Einsatz soll das jeweilige Königreich sein. Gunther: »Nee. Komm runter. Trink. Party.« In den Wettkämpfen am Hofe übertrifft Siegfried alle anderen Helden. Oft sieht ihm auch Kriemhild bei den Spielen zu und verliebt sich dabei in ihn.

Bevor Siegfried Kriemhild aber heiraten kann, muss er Gunther helfen, Brünhild, die Königin von Island, als Ehefrau zu gewinnen. Brünhild besitzt übrigens, solange sie Jungfrau bleibt, übernatürliche, magische Kräfte. Sie ist überdies nicht bereit, sich einem Mann hinzugeben, der sie nicht in drei Kampfspielen besiegen kann: Steinwurf, Weitsprung und Speerwurf.

Verliert Gunther: Kopf ab. Gelänge es ihm, wäre sie bereit, seine Überlegenheit anzuerkennen und seine Frau zu werden. Siegfried schafft es, sie mithilfe der unsichtbar machenden Tarnkappe zu besiegen. Brünhild denkt, dass sie von Gunther besiegt worden sei und kommt mit nach Worms. Dort Doppelhochzeit.

Sie will jedoch erst mit Gunther schlafen, wenn er sie im Bett niederringen kann. Also niederringen im Sinne von ... niederringen. Brünhild fesselt Gunther in der Hochzeitsnacht mit ihrem Gürtel und hängt ihn an einen Nagel an der Wand. Erst am Morgen nimmt sie ihn ab. Muss man wohl dabei gewesen sein. Wieder muss Siegfried helfen: In der nächsten Nacht schleicht er, durch die Tarnkappe unsichtbar, in Gunthers Schlafzimmer und ringt, weil er ja so kräftig ist, Brünhild im Ehebett nieder, bis sie sich freiwillig ergibt. Dann tauschen Gunther und Siegfried die Plätze und Gunther vollzieht die Ehe. Während des Kampfs hat Siegfried heimlich Brünhilds Ring und Gürtel geklaut und schenkt sie später seiner Frau Kriemhild als Beweisstücke, wo er in der Nacht nach der Hochzeitsnacht gewesen war. Klar, oder?

Beim nächsten Wiedersehen: Streit zwischen Brünhild und Kriemhild, wer der bessere Ehemann sei. Brünhild verlangt, dass sich Siegfried Gunther unterordnet, da er ihr auf Island als Knecht vorgestellt wurde. Daraufhin sagt Kriemhild, dass Siegfried als Erster mit Brünhild geschlafen habe und zeigt den Gürtel und den Ring als Beweis. Daraufhin kriegt Brünhild so eine Krawatte. Obwohl es eine Lüge ist.

Hagen von Tronje, Vasall von Brünhild und die Oberarschgeige des Buches, will seine Herrin rächen und erfährt von Kriemhild, dass Siegfried nur am Schulterblatt verwundbar ist. Daraufhin tötet er Siegfried hinterhältig auf einer Jagd. Und damit geht es erst los. Unfassbares Buch. Und alles in Versform.

Das Nibelungenlied ist quasi eine Mischung aus zwölf Staffeln *Game of Thrones, Harry Potter, Schwiegertochter gesucht* und präfeministischer Studie. Knallt ordentlich.

Ich hatte das mal als Schallplatte. Von Europa. Die NIBELUNGENSAGE. Lauflänge 45 Minuten. Hatte damals schon den Eindruck, dass irgendwas von der Story fehlt.

Haben wir das geklärt. Und Sie können jetzt, da Sie wissen, worum's geht, aufspringen und sagen: LES ICH! Beziehungsweise: Nee, lass mal. Das liegt ganz bei Ihnen. Danke.

Emoji

Ganz kurze Anmerkung zum Thema »Psychische Gesundheit«, weil ich's einfach mal gesagt haben will: Ich werde nicht schnell aggressiv – das lösen nur wenige Dinge aus. Reggae zum Beispiel, oder Schafskäse. Weil ich finde, dass man nicht alles vom Schaf verwerten muss, mir reicht, wie Schafe auf dem Pulloversektor performen, mehr muss für mich nicht. Aber was mich seit geraumer Zeit am meisten ausrasten lässt, ist er hier:

😂

Ich kann nicht mehr. Es nimmt überhand. Ich möchte keine lustigen Sachen mehr aufs Handy geschickt kriegen, die von diesem bekackten Emoji gekrönt werden. Was soll das überhaupt sein? Ein Smiley, dem vor lauter Begeisterung über den unfassbar guten Joke Wasser aus dem Schädel spritzt? Das Vieh wird mittlerweile für jeden Scheiß benutzt. Da kannst du schreiben, was du willst.

> *»Hallo, Mutter. Habe gerade in deinem Faltenrock jemanden in der Dusche erdolcht, HDL, Norman«*
>
> Mutter: 😂

Ich fürchte, Emojis sind nur erfunden worden, damit wir unseren Gefühlen keinen schriftlichen Ausdruck mehr verleihen müssen. Es täte dem Humorstandort Deutschland und unseren Seelen gut, wenn man statt mit diesem Emoji Nachrichten mit seinen tatsächlichen Empfindungen beantwortet.

> *»Sven, danke für den Clip, wo der Elefant die Böschung runterrutscht. Ich habe erst gestutzt, dann gedacht – na, der Elefant wird doch nicht? … und dann glitscht der da runter. Und an diesem Punkt, Sven, zerriss es mich. Ich habe mir vor Lachen bellend mit blanken Fäusten auf die Oberschenkel gedroschen, an Arbeit war nicht mehr zu denken. Unglaubliches Material! Ich möchte mich dafür sehr bedanken! Du bist wirklich ein Leuchtturm im Nebel des Trübsinns, immer einen auf der Pfanne, dachte ich noch, Sven, die Juxgranate. Bitte lösch meine Nummer.«*

Ist doch so.

Acht wenig hilfreiche Klopper zum Thema Depression

Kennen Sie das auch?

Ist 'ne klassische Komiker-Phrase. Ich liebe Phrasen ja – vor allem für das, was sie sind, nämlich vor allem: da. Zwei Mal »vor allem« in einem Satz? Ist das erlaubt? Die Frage ist doch vor allem: Warum nicht? Geht's Ihnen schon auf den Senkel? Ich kenne das. Speziell wenn man darauf achtet, wird man aus dem Füllhorn der Phrasen reich geflutet. Jeden Tag schwappen einem die seltsamsten Marotten um die Beine. Ich habe einen guten Bekannten, wirklich ein prima Geselle im Prinzip, Flaschenbiertrinker und wie viele von uns mental ein bisschen angeschlagen, aber er sagt nach jedem Satz: »Verstehste?«

Und da sind jetzt wenig Sätze dabei wie »*Das Recht der Freiheit, so hoch, so göttlich es ist, wird in Unrecht verkehrt, wenn nur dies für Denken gilt und das Denken nur dann sich frei weiß, insofern es vom Allgemein-Anerkannten und Gültigen abweiche und sich etwas Besonderes zu erfinden gewußt habe*. Hegel. Verstehste?«

Vielmehr handelt es sich eher um Sätze wie »Geh ich heute Mittag zum Braunglascontainer, um Flaschen einzuwerfen ... ist der voll! Verstehste?«

Der liebe Bekannte betont sein »Verstehste?« zudem, als wäre ich auf diese entwaffnende Forrest-Gump-Art ein bisschen zurückgeblieben, weswegen ich mich oft bemüßigt sehe, zu antworten: »Sekunde, mein Bester ... soll das bedeuten, der Braunglascontainer war voll? Mon dieu! Und dann? Wie hast du diese knifflige Situation für dich gelöst?«

»Ich geh morgen noch mal hin. Verstehste?«

»Ja«, erwidere ich, »ich begreife vollumfänglich. Meine Meinung ist nicht von Belang, schwant mir, doch halte ich dein Vorgehen für eminent pfiffig.«

Er ist ja ansonsten ein Feiner. Absoluter Höllenhund am Kicker, hat ein Autoradio mit Karaoke-Funktion, was ihm den Benefit verschafft, auf der A40 zur Freude aller *What's another year* von Jonny Logan zu performen, und er ist vielleicht der letzte lebende Träger zu strammer Blousons.

Die Menschen sind, wie sie sind. Die allermeisten von uns hegen keine schlechten Absichten. Gerade auch im Bereich des gesprochenen Wortes. Das bringt uns jetzt ziemlich direkt zum Kern der Sache. Ich bin ja auch einer der Depressionsleute. Und was einem an Müll passieren kann, hab ich durch: Armut (also nicht diese »Mist dieses Jahr kein Saint-Tropez«-Armut, mehr so »Sechs Monate ohne Strom, und Tütensuppe knirscht beim Essen, wenn man das Wasser nicht heiß kriegt«-Armut), Depressionen, Angststörungen, Panik, Suizidgedanken, Schlaflosigkeit – die ganze vollgekackte Wundertüte.

Ich bin immer noch hier. Mittlerweile geht's mir gut. Aber die Sache mit den Phrasen lässt mich nicht los. Ich habe vor einiger Zeit meine Lieblings-Klopper in Bezug auf Depressionen zu Papier gebracht. Das war für meine Sendung STRÄTER in der ARD. (Ruhig mal reinschauen, Sie haben es immerhin bezahlt.)

Und hier sind sie. Meine Charts! Die besten Kracher, wenn man versucht zu erklären, dass man Depressionen hat.

1. »Das wird wieder.«

Anmerkung: Das ist nicht mal ein vollständiger Satz. Jeder Deutschlehrer wirft dir dafür 'n Stück Kreide an die Murmel. Also: Was wird wieder was? Bring deinen Satz zu Ende. »Das wird wieder« ist, als würde ein Chirurg als Notiz vor 'ner OP schreiben: »Schneid ma Bein«.

2. »Du denkst einfach zu viel nach!«

Ein treffendes Argument – denn das Gehirn schwimmt ja in so einer trüben Soße im Kopf, und wenn man zu viel nachdenkt, gibt's speziell an den schwabbeligen Kanten vom Großhirn so Abrieb, weil das an der Innenseite der Schädelbasis entlang schrubbt, im Prinzip wie so eine Hartkäsereibe, und diese Gewebeflusen treiben dann in der Suppe rum und erzeugen Depressionen. Deswegen ist es besser, wenig nachzudenken, auch wenn's dann manchmal nur für Klopper reicht wie: »Du denkst zu viel nach.«

3. »Das ist doch alles nur Kopfsache.«

Antwort: WAS? ECHT? Und die haben mir jetzt schon das vierte Mal die Füße geröntgt.

4. »Ich könnte das ja nicht, den ganzen Tag im Bett liegen.«

Antwort: Na, du musst dich schon bemühen. Fang erst mal mit 'nem Oberschenkelhalsbruch an. Depressionen sind was für Fortgeschrittene, Gisela.

5. »Anderen geht es viel schlechter als dir.«
Antwort: Ja, klar. Es gibt Länder, da dürfen Leute nicht mal frei ihre Meinung sagen. Fahr da bitte hin.

6. »Denk doch mal positiver!«
Antwort: Okay. Also: Meine Depressionen haben jetzt so einen beruhigenden lindgrünen Farbton, mit Wischtechnik, und riechen ab sofort nach 'ner Mischung aus Sonnenmilch und Kinder Pinguí. Danke dir. Das war knapp.

7. »Du musst einfach mehr vor die Tür.«
Antwort: Hör mal, danke für den Tipp, aber ich habe Depressionen. Das ist jetzt vielleicht 'n bisschen hart, aber ich muss nicht einfach mehr vor die Tür, ich muss gedanklich einfach weniger vor den Zug.

8. »Lach doch mal.«
Antwort: Gib mir 'n Grund. Oder anders: Gib mir Gründe für alles, denn mir gehen die Gründe aus, für ganz triviale Dinge, und für Dinge, die du vielleicht nicht hören willst. Andererseits: »Lach doch mal« ist so ein bescheuerter Tipp, ich musste doch 'n bisschen schmunzeln.

Diese acht Phrasen sind meine Favoriten. Es gibt natürlich noch eine Fülle weiterer Aussprüche. Und Sie da draußen, die Sie eine dieser Phrasen bereits auf Ihrer Zunge liegen haben, jede für sich so weise, dass Gandalf gegen Sie wirkt wie Patrick der Seestern – Sie sind gern bereit, eine dieser Phrasen einem seelisch gehäuteten Menschen ins Gesicht zu sagen, nicht wahr? Lassen Sie es sein.

Ich weiß natürlich, dass Sie es nicht böse meinen. Sie

wollen helfen. Ich hab auch schon so was gesagt wie: »Ja, dann lenk dich ab« oder so. Ist aber lange her. Gestatten Sie mir einen Tipp?

Bieten Sie stattdessen eine Umarmung an. Umarmungen sind eine der stabilsten Währungen überhaupt. Selbst eine von diesen seltsamen Umarmungen, dieses ungelenke Geringe, diese ruckartige Vorstufe zu Judo, bei dem Sie plötzlich ihr Gesicht in der Achselhöhle des anderen haben und denken, uiuuiui, das ist jetzt auch ein bisschen zu lang und zu lambada-artig – selbst die sind ganze Universen, Königreiche, Ozeane besser als eine der acht Phrasen. Echt jetzt.

Verstehste?

Abitur

Ich wurde vor einiger Zeit gebeten, ein Grußwort für das Abi-Buch unseres örtlichen Gymnasiums zu verfassen. Ich. Ausgerechnet. Nun: Hier ist es.

Liebe Studierende, männlich, weiblich oder nicht-binär,

Ihr steht nun an der Schwelle zum Ernst des Lebens.

Würde eure Omma sagen.

Ich bin aber nicht eure Omma. Nicht mal so was Ähnliches. Selbst wenn ich euch einen Streuselkuchen backen würde, wäre ich das nicht – vor allem, wenn ich um Mitternacht an eurem Elternhaus klingele, während mein blubbernder Achtzylinder in zweiter Reihe die halbe Siedlung zuparkt, und sage: »Hier. Habe ich gebacken. Yummi-Yummi. Iss ein Stück. Jetzt.«

Es wäre ein Omma-Move, aber die Parameter würden nicht stimmen. Was wollte ich eigentlich? Genau:

Ihr steht nun an der Schwelle zum Ernst des Lebens.

Sicher hat der eine oder andere bereits die üblichen Dialoge hinter sich:

»Du bist jetzt mit dem College fertig, Steve. Ich bin so stolz, Junge. Du kannst alles schaffen, du musst nur an dich glauben.«

»Danke, Dad. Ich hoffe, Harvard nimmt mich an.«

»Steve, Harvard liegt bei Boston. Wir sind hier in Castrop. Ziemlicher Anfahrtsweg.«

»Aber Dad, du hast gesagt, ich muss nur an mich glauben!«

»Gewiss, Steve. Mach trotzdem Ruhr-Uni Bochum.«

Sorry, ich brauchte was, um reinzukommen. Und ich liebe College-Filme. Vor allem *Breakfast Club*. Eigentlich nur *Breakfast Club*. So. Jetzt aber.

Endlich Abitur. Glückwunsch! Schwierig, nicht wahr? Ich selbst hab kein Abitur, zumindest nicht nach den Maßstäben jener Behörden, die auch glauben, bei einer Inzidenz von 1500 ist Fenster auf Kippe eine angemessene Maßnahme. Aber ich bin 55. Ich verfüge über das Abitur des Lebens. Wahrscheinlich ist es eher der Realschulabschluss des Lebens, aber das ist unwichtig. Mitte fünfzig zu sein hat einige Vorteile. Zum Beispiel ist man nicht vorher gestorben. Wenn ich auf die erste Hälfte meines Lebens zurückblicke, denke ich gelegentlich: Da war viel Humbug dabei. Besser machen kann man es ja immer, wenn auch nicht unbedingt im Nachhinein. Aber eigentlich waren die meisten Sachen entweder gut oder zumindest gut für irgendwas. Man lernt jedenfalls jede Menge in einem halben Jahrhundert, Dinge vor allem, die in der Schule nicht gelehrt werden. Also kommt jetzt der Dumbledore-Teil. Zehn Regeln fürs Leben.

Hier:

1. Ich weiß, Mathematik auf Gymnasialniveau ist ein Kracher: Stochastik, Parametergleichungen, in wie viel Parsec schaffe ich die Strecke Braunschweig-Andromedanebel bei Schubumkehr und vollgeräumter Spülmaschine mit einem Raumschiff der Klasse Klabuster vier? Überraschung des Lebens: Brauchst du wahrscheinlich alles nicht. Was dran kommt, ist Dreisatz, Addition, Subtraktion, bisschen Dividieren, Prozentrechnung. Flächenberechnung entfällt, steht ja im Mietvertrag.

2. Stichwort »Mindset«: Seit einigen Jahren versuchen die ganzen Lemuren für persönliches Wachstum auf TikTok und Insta ihr Glück, um auch noch die Schlichtesten abzufischen. Das Leben lehrt: Persönliches Wachstum entsteht durch Arbeit, Verantwortung übernehmen, Schicksalsschläge und Lesen. Es entsteht nicht durch Online-Kurse, die muskulöse Vögel in zu engen Hemden verkaufen. Auch die ganzen Finanz-Koberer bringen es in der Regel nicht. Es sind immer die gleichen Gestalten, die dir erzählen, dass du mit ihrer Anleitung in nur zwölf Tagen 9500 Euro verdienen kannst. Menschen, die in zwölf Tagen 9500 Euro im Internet verdienen, verkaufen häufig einfach 12-tägige Kurse, die 9500 Euro kosten. Hm. Auch die Jungs, die dir mit Bildern von teuren Uhren und Privatjets den Einstieg ins Krypto-Business versprechen, verarschen dich. So toll ist auch ein Privatjet nicht. Ich bin mal in einem mitgeflogen. Klaustrophobisch, und jede Turbulenz fühlt sich an wie eine aufs Maul. Und wir hatten Turbulenzen. Ich habe zappelnd den kompletten Waschraum vollgestrullt. Und dann kommst du da raus und kannst nicht in der Anonymität einer Boeing 747 abtauchen. Da hocken jetzt einfach nur fünf Leute, und in zehn Minuten weiß die ganze Rappelkiste: Sträter, die Pottsau.

3. Stichwort »Vermögensbildung«. Kann man nicht früh genug mit anfangen. Problem dabei: Woher nehmen? Na ja, sparen wäre gut. Schlichtes Sparen. Und es ist wichtig, wirklich wichtig, eine gute Bonität zu haben. Also am besten kein Eintrag in der Schufa. Das bedeutet auch, möglichst nix auf Pump zu kaufen. Konsumkredite sind tückisch. Auto finanziert, Kredit hat sechs Jahre Laufzeit, irgendwann hat die Karre 120.000 Kilometer weg und macht Zicken, und du

zahlst immer noch. Ich selbst habe noch nie einen Kredit aufgenommen. Zu schlechte Bonität damals, weil ich dauernd Video-Filme geliehen und nicht wieder abgegeben habe. Ja, damals musste man zum Filmeleihen eine Hose anziehen. Heute benötige ich keine Kredite mehr. Also, zwei Dinge: Konsumschulden vermeiden, und falls jemand *Karatetiger 3* auf VHS möchte, bitte melden.

4. Wichtig: das Finanzamt. Das Finanzamt ist der *Thanos* unter den Behörden. Viele von euch werden studieren und versuchen, später selbstständig zu arbeiten, also Obacht: Allzu fluffiger Umgang mit dem Verein ist unangebracht. Sei mit dem eigenen Geld so flippig wie du magst – zahl Kirchensteuer, das befreit deine Seele und irgendeinen Pfaffen von seinen Spielschulden –, und da wäre ich gern dabei gewesen, wie der da vorm Spielautomaten hockt und betet: »Allmächtiger, jetzt drei Mal die Ananas!« Was wollte ich sagen? Genau! Mach, wie du meinst, aber leg was fürs Finanzamt zurück. Echt jetzt.

5. Sag bitte, sag danke, mach beim Kacken die Tür zu.

6. Studiere etwas Sinnvolles. Bitte. Es gibt Millionen Menschen mit psychischen Erkrankungen, kämpfe dagegen, indem du etwas Entsprechendes studierst. Man wartet Monate auf einen Therapieplatz.

7. Engagiere dich. Die ganzen alten Knacker, die behaupten, es gebe keinen Klimawandel, sind vor allem einfach alte Knacker, die nicht mehr miterleben werden, wie der Planet den Bach runtergeht. Du musst was machen. Du und deine Kin-

der. Kann der Einzelne was bewirken? Natürlich. Ich und der V8 haben maßgeblich zum Klimawandel beigetragen. Also geht das auch andersrum.

8. Lies Bücher. Ich finde, man erkennt Menschen, die nicht lesen, nach zwei Sätzen. Das heißt aber nicht, dass du hier den Kackenhauer machen kannst. Lies und bilde dich still weiter, blähe deinen Wortschatz auf. Aber Vorsicht mit Zitaten, denn: »Ein Zitat ist besser als ein Argument. Man kann damit in einem Streit die Oberhand gewinnen, ohne den Gegner überzeugt zu haben.« Gabriel Laub, polnisch-jüdischer Journalist und Satiriker. Okay, das war ein Zitat. Na, und?

9. Halte deine Sprache klar. Wenn's ein deutsches Wort gibt, nimm das deutsche. Es ist deine Muttersprache. Vermutlich die sperrigste Sprache, die es gibt. Neben Japanisch. Der japanische Begriff *Kakeru* hat folgende Bedeutungen: aufhängen, aushängen, zuhaken, zuschließen, lehnen, sich hinsetzen, bedecken, auflegen, ausgeben, multiplizieren, gießen, tragen, aufhaben, ansprechen, telefonieren, anschalten, geben, fliegen, rennen, laufen, abbröckeln und noch mindestens zwanzig weitere. Aber immerhin: Man versteht die Bedeutung. Was uns zur Frage bringt, was *Kreiswehrersatzamt* für eine Bedeutung hat? Hä? Ersatz wofür? Warum? Also: Tauche ein in die Schönheit der deutschen Sprache. Ich tue das. Für mich sind Anglizismen ein No-Go.

Und 10:

Spiel das ganze Spiel durch. Werde erwachsen, gründe eine Familie, werde alt, dann stirb. Aber vergiss die Nebenmissionen nicht. Reise, so viel du kannst. Iss ein Hot Dog von einem New Yorker Straßenverkäufer und erlebe den Aroma-Kick aus Würstchen, Abgasen, Sauerkraut und diesem Senf, der so brennt, dass du dir anschließend die Speiseröhre durchkacheln lassen kannst. Schau alle Batman-Filme, auch die schlechten, lass dir wenigstens einmal einen Maßanzug machen, fahr nach Rom und trinke einen überteuerten Espresso, lern ein Instrument, geh ab und zu zur Fußpflege, lass dir bloß nicht das Gesicht deiner Kinder tätowieren, du bist nicht aus Herne, und es muss Wege geben, sich den Schädel seiner Blagen auch anders einzuprägen – und vor allem: Verlass Waltrop! Was willst du hier? Noch 'ne Apotheke aufmachen? Das ist ja ganz schön hier, doch doch, gewiss, aber die echten Chancen sind da draußen. Stelle dir die großen Fragen: Wer bin ich? Wer will ich sein? Und: Wann ist ein Vorwort für eine Abi-Zeitung zu lang?

Jetzt wahrscheinlich.

Also los jetzt: Raus in die Welt. Ihr könnt machen, was immer ihr wollt. Seid großartig in dem, was ihr tut. Auf nach Harvard! Bochum! Heidelberg! Oder geh zu Onkel Werner in die Werkstatt, der gibt dir 'ne Festanstellung, wenn du ihn darum bittest. Ihr macht das schon. Und für den Rest von euch gilt:

Wir sehen uns in Hogwarts.

After Eight

Haben Sie das Interview von Meghan und Harry gesehen? Sie wissen schon: Harry – formerly known as Prince und die bürgerliche, ach was sag ich: sterbliche Meghan Markle?

Ich hab's geschaut.

Und dabei interessiere ich mich kein Stück für Monarchie. Ich hab *The Crown* noch nicht gesehen, bei *Game of Thrones* bin ich auch erst bei Staffel 2, und *Kleiner König Kalle Wirsch* hab ich gar nicht erst angefangen.

Monarchie kenne ich nur von den Omi-Postillen, Schlagzeile immer: HURRA! ZWILLINGE!

Ich hab jetzt auch nur mäßiges Mitgefühl mit Leuten, die meinen, es wäre eine Bombenidee, in so eine Regentenfamilie reinzuheiraten. Man kann sich ja denken, wie viel Laune das macht: Du wohnst plötzlich in London, wo ein Pfund Gehacktes zwölf Pfund kostet, das ist sprachlich gar nicht vermittelbar, und dann auch noch im Buckingham Palast. Den müssen Sie sich vorstellen wie das Haus von Jens Spahn, nur kleiner.

Und Chef von's Janze ist die Queen, die jetzt auch nur bedingt für lässige »Ich hab ein Haus, ein Äffchen und ein Pferd«-Moves bekannt ist. Schwer bewacht alles, lange Gänge, Bataillone von Bediensteten – und der ganze Bums ist mit Ritterrüstungen vollgestellt.

Ich hab jetzt nix gegen Ritterrüstungen. Wer jemals auf einem Schlachtfeld der Einzige im Frottee-Schlafanzug war, ahnt, wovon ich spreche. Aber die Dosis macht das Gift. Diese ganze Adel-verpflichtet-Chose mit Etikette, und der

Kastellan kloppt mit dem Zeremonienstab das Parkett zu Klump, das ist nix für mich. Ich hab das schon früh gemerkt. Als ich klein war, hat meine Omma sich immer *After Eight* reingetan, und das aus Prinzip schon um zehn nach sieben. Diese Pfefferminz-Teile. Sie mochte die Reklame so gern, wo elitäre Britinnen mit Habichtgesichtern vorm Kamin hockten und sich mit spitzen Fingern so ein Schokoplättchen ins Gesicht schoben – ein Gesicht, das klar mitteilte: Was wisst ihr schon da unten, ihr pommesfressenden Morlocks! Und jedes dieser Minze-Zartbitterteile hatte ein separates Seidenpapier-Futteral. Das war dekadent. Als meine Omma starb, fand ich mehrere Packungen von dem Zeug. Ich hab die Schokolade weggeworfen, aber die kleinen Hüllen hab ich behalten und bewahre jetzt Speicherkarten drin auf. Was wollte ich sagen?

Richtig.

Monarchie, das feine Leben, nix mit am Hut. Aber: Megan Markle, und ja, ich kenne sie auch nur aus der Serie *Suits*, erzählte, dass sie zu Palastzeiten unter rassistischen Bemerkungen gelitten hat, welche Hautfarbe ihr Kind denn hätte, wenn es käme, zum Beispiel. Und natürlich finden sich wieder genügend Leute, die das kleinreden. Auch die Queen, die sinngemäß sagte, das sei ihr gar nicht aufgefallen, aber natürlich besorgniserregend und man werde das intern unter vier Augen klären, also auf exakt die Art, auf die man so was eher nicht klärt, aber was weiß ich schon. Immerhin trage ich wie die meisten Leute ein gewisses rassistisches Potential in mir. Und zwar durch Gedankenlosigkeit. Plappern! Aber diese Form des unbedacht dahergesagten Rassismus-Bullshits fühlt sich, das hab ich mir erklären lassen, exakt genauso verletzend an wie die potenziell an jeder Ecke zu erwartende geplante Bösartigkeit zum Thema. Aber so wie ich wird das auch die Queen in den nächsten Jahrzehnten noch verinnerlichen. Wär schön, wenn's schneller geht. Worauf ich aber eigentlich hinauswollte, ist Folgendes: Megan Markle sagte, es gab eine Zeit, in der sie nicht mehr leben wollte, und auch da hieß es: Jaja, wer's glaubt.

Nun: ich. Reden wir kurz drüber. Allein in Deutschland bringen sich täglich etwa zwanzig Menschen um. Und ich sage: Tun Sie das nicht. Ich weiß, ich kann in Ihren Gesichtern, die ich nicht sehe, sehen, wie Sie denken: Was kommt denn jetzt? Nun: Eine kurze Passage für die Menschen, die es betrifft. Es muss nicht immer alles lustig sein, auch wenn es nichts schadet. Aber: Bleiben Sie am Leben. Manchmal hat man alles, der Himmel hängt voller Geigen, und manchmal heißt es durchhalten. Ich duz Sie jetzt einfach, scheißegal. Halt durch. Ich kenn das. Wirklich. Lass es. Wenn du 'ne ganz schlimme Phase hast, ab zum Arzt. Zügig. Ruf die Telefonseelsorge an! Sonst bist du tot und ärgerst dich anschließend. Der Tod hat überhaupt keine Vorteile. Null. Du bist nicht allein auf der Welt. Das kommt dir momentan nur so vor. Dir geht's mies, okay. Verstehe ich. Aber das Leben, auch die schwierigen Level, sind besser als die Alternative. Die zudem keine ist. Bevor du stirbst, musst du noch so viele gute Bücher lesen, und schlechte, auch das mit den fünfzig Graustufen, wo ich beim Lesen echt dachte »Noch ein innerer Monolog, und ich kack mir in die Hose, ist das Buch kaputt oder was?«. Und du musst die ganzen Serien sehen, die angeblich erst ab Staffel zwei gut werden, denn selbst für die doofen Sachen ist es früh genug zu spät, also Finger weg von irgendwelchen Abkürzungen. Selbst mit dem Bus nach Lloret ist besser als tot zu sein. Es gibt so viel zu sehen. Halt durch. Schmerz bedeutet, dass du lebst. Ich weiß, ich komm rüber wie ein sprechender Glückskeks, aber ich habe recht.

Dein Leben ist kostbar. Es bräuchte im Prinzip sein eigenes kleines Futteral aus Seidenpapier.

Wir verstehen uns. Danke.

Teil 5

7 Tage, 7 Köpfe: die Texte

Superbowl

Eine kleine Vorabanmerkung. Egal, was Sie hier gleich noch über den Superbowl zu hören bekommen, egal, wer sich hier als Fan oder Sachverständiger outet: alles Kokolores. Wir können das Phänomen Superbowl nicht begreifen. Wir sind maximal eine Fußballnation, wenn überhaupt. Aber Superbowl? Das ist schlicht ein Konzert, bei dem auch noch Männer mit Helmen rumrennen. Die maximale Show. Man stelle sich vor, das würde bei jedem größeren Spiel in Deutschland so ablaufen. Deutsches Pokalfinale. Jeder frisst Bratwurst. Dann spielen die Wildecker Herzbuben. Dann Feuerwerk. Dann Matthias Reim, nackt und in Flammen. Über dem Stadion kreist ein Zeppelin von *Gutfried Wurst*. Dann endlich der Hauptact: Helene Fischer mit Bata Illic und dem Prager Symphonie Orchester bringen ein Medley aus: *Merci, dass es dich gibt*, *Enter Sandman* und *Ding Dong die HEX ist tot*. Dann sagt der Bundespräsident ein Gedicht auf. Dann Feuerwerk. Dann kommt Sascha Grammel, leider ohne Ton, also brüllt die Südkurve: NIMM DIE HAND AUS DEM ARSCH VON DER SCHILDKRÖTE, DU PERVERSER! Dann Anpfiff. Nach drei Sekunden kommt dann ein 12-minütiger Werbespot für *Seitenbacher*. Nee, lass mal.

Wir können den Superbowl nicht begreifen. Denn egal, was andere behaupten: Es gibt keine Regeln. American Football ist eine komplett improvisierte Mischung aus Brennball, Gang Bang, Spitz pass auf und einer Kneipenschlägerei. Die Strukturlosigkeit des Universums als Sport-Event. Das ist was für die Amerikaner. Sicher, bei uns sitzen vermutlich auch irgendwelche Jürgens zur Primetime um drei Uhr morgens vorm Fernseher und sagen Sachen wie: »Supi, geht los. Haben wir noch Flips, Britta?«, um dann am nächsten Tag mit verquollener Fratze jedem dahergelaufenen Clochard zu verklickern, dass die Chicago Bulls im dritten Viertel gegen die Boston Blockflöten noch Punkte gutgemacht haben blablabla. Und ich frage Sie: Wollen Sie dieser Mensch sein? Ich denke nicht.

Anmerkung: Dies ist ein satirischer Beitrag. Ich freu mich trotzdem sehr auf Ihre Post.

Valentinstag

Fassen wir kurz zusammen: Der Valentinstag geht, wie kann es auch anders sein, auf irgendeinen heiligen toten Mann zurück. Weiß man nicht genau, man war auch nicht dabei, ist aber Grund genug, auf den Kalender zu schielen und in Liebesdingen Gas zu geben. Das ist Romantik nach Stempeluhr. Da heißt es dann nach Schichtende am 14. Februar: CD von irgendeinem Saxofonisten an, Kerzen auf den Tisch, und dann wird der Liebsten eine Tüte sterbender Lebewesen präsentiert, denn das sind Schnittblumen. Gemüse in Agonie. Seltsamerweise ist es gesellschaftlich akzeptiert, Rosen zum Verwesen mit nach Hause zu bringen, aber alle kucken komisch, wenn man blutbesudelt reinkommt und sagt: »Ich hab 'n Fuchs überfahren. Hier, für dich, Schatz.« So ist der Mensch. Romantik ist eine Flamme, die tief in unseren Herzen flackert, ein ewiges Licht, entzündet am Tag unserer Geburt, lebendig gehalten durch immerwährende kleine Gesten der Liebe, durch das stetige Zueinanderstreben. Ich meine, sogar ich bin romantisch, wenn's gar nicht anders geht, aber wie häufig das am 14. Februar passiert, kann ich nicht sagen. Wir funktionieren so nicht. Manchmal ist es Sommer und ich stehe ergriffen auf der Straße, die Augen tränennass, und denke: Also das waren jetzt wirklich wunderschöne Alu-Felgen an dem Camaro, da hat sich wirklich einer Gedanken gemacht, im Namen Jesu, Hammerteile. Und ein anders Mal sehe ich den Film *Ghost – Nachricht von Sam*, konkret diese erotisch angelegte Szene an der Töpferscheibe, und denke: Also wenn das kompetentes Töpfern ist, dann gute Nacht, Polen! Das Material kostet ja auch Geld, fünf Kilo Ton so um die zwölf Euro, unschamottiert, was denken die sich, da rummanschen und zack – Sex. Ich meine, wenn Demi Moore jetzt nicht töpfern würde, sondern Zahnärztin wäre, und dann kommt bei der Arbeit Patrick Swayze rein – fangen die dann direkt an zu knattern und lassen den Oppa da mit dem offenen Wurzelkanal liegen? Sie wissen nicht, wovon ich rede, oder? Egal. Warum steigere ich mich hier rein?

Seien Sie so wild und romantisch, wie Sie können. Füllen Sie Ihr Leben mit Liebe! Schenken Sie! Geben Sie sich her. Dann aber auch am 15. Februar, okay? Das ist 2023 'n Mittwoch. Danke.

Tierwohl

Diskutieren wir über Tierwohl. Also nicht im Sinne von »Unser Raudi muss mal wieder gebadet werden, cause it smells like Aa in the Hundekörbchen«, sondern eher so den viehischen Leidensweg: Geburt, Einzelhaft, Transport, spontanes Ableben, kuck mal: Wurst. Bis zur Jahrhundertwende hieß es noch: »Ernesto, hochgeschätzter Knecht, erblickst du das Huhn dort am Horizont? Hole es. Ich hoble derweil ein Fuder Kraut.«

Heute ist nicht mehr viel mit Platz zum Atmen fürs Tier. Der Mensch will billiges Fleisch, also hat ein tonnenschweres Rind in einer düsteren Sockenschublade zu wohnen, bis es dran ist. Wir nehmen das billigend in Kauf, denn so ein japanisches Kobe-Rind lebt zwar mit viel Platz, Handentspannung und Nasendusche, aber für den Preis kann man genauso gut ein Einhorn keulen. Was tun? Es ist eine Rügenwalder Zwickmühle, könnte man sagen, oder, humoristisch wie sprachlich noch schlechter: Wir ham ein Dilemma mit die Lämmer.

Es herrscht oft großes Elend in der Massentierhaltung, aber wir konsumieren ungebremst. Sicher, einige sagen: Ich esse nichts, was ein Gesicht hat, aber speziell in Hack verteilt sich das ziemlich gut. Derweil feilschen unterkühlte Bürokraten um jeden Millimeter Platz fürs Schwein, Tageslicht ist was für Loser, und wenn ein Huhn so quadratisch ist wie sein Käfig, kann man's auch besser stapeln. 98 Prozent unseres Fleisches kommt aus Massentierhaltung, aber jetzt sind Reformen auf dem Weg. In den nächsten Jahren. Wir wollen ja keinen hetzen. Wie eine gute Pfanne ist das Thema ein heißes Eisen, und wir packen es an, verbrennen uns vermutlich die Griffel dabei, aber man kann gar nicht oft genug darüber reden. Selbst Witze darüber sind besser, als zu schweigen.

Parfum

Es geht um Parfum. Oder wie mein Oppa sagte: »Pafüüm«. Die britische Queen hat ein Hundeparfüm kreiert, aber Studien haben gezeigt: Die meisten Rottweiler kriegen den Flakon nicht auf. Kleiner Spaß. Ich finde die Idee »Düfte für Hunde« aber gut. Mache ich andersrum schon seit Jahren. Reibe mich jeden Morgen mit Frolic ein.

Aber jetzt mal was Generelles zur Dosierung von Düften für Menschen. Die Damen wissen, wie es geht. Aber: Kollegen! Ich weiß, wie es ist. Man kauft sich einen Duft, und dann will man den auch benutzen. Es wäre allerdings schön, wenn dieser Duft zur Persönlichkeit des Mannes passen würde. Ein opulentes Parfum mit einer Kopfnote aus Sandelholz und Myrrhe, angereichert mit weiteren Elementen in der Herznote, die olfaktorisch ein Zauberreich beschwören, in dem samtige Tiger moschusschwer im Dunkel umherstreichen, und der Geruch ferner Oasen liegt wabernd und süß-ledrig in der Luft – so ein Duft wirkt seltsam deplatziert, wenn du mit Pilotenbrille und Gartenclogs angeschissen kommst. Das ist dann Geruchskarneval. Karl-Heinz, der Tiger von Eschnapur. Zudem ist die Menge entscheidend. Gut möglich, dass es speziell in den Kreisen derer, die mit Kantenumleimer hantieren, heißt: Viel hilft viel. Aber bei Parfums ist dem nicht so. Es gibt Männer, die haben am Leib eine Nutzfläche von sechs Quadratmetern, aber das bedeutet keineswegs, das man den kompletten Bereich bündig eindieseln muss. Denn zum einen brauchen Sie dann täglich für 70 Euro Parfum, zum anderen wird Ihnen auffallen, dass, wo Sie gehen und stehen, Amseln tot aus ihrem Geäst poltern, dass alte Damen sich bekreuzigen, und dass Sie auch mit Impfpass nirgends mehr reinkommen. Und bedenken Sie bitte: Ein beherzter Hieb eines guten Parfums in die Arschritze gesprüht brennt so fundamental, dass Ihnen der siebte Kreis der Hölle wie eine Butterfahrt nach Venlo vorkommt. Lassen Sie also ab von übermäßigem Gebrauch, gehen Sie in eine Parfümerie und holen Sie Beratung ein. Dies soll mein Tipp sein. Denn bei Parfum ist weniger weniger, aber deswegen mehr. Beziehungsweise genau richtig. Sie wissen schon.

Teil 6
Spielzeug

Action Team

In den Siebzigerjahren erschien eine Reihe unfassbarer Action-Figuren auf dem deutschen Markt. Sie hießen: *Action Team.* Das Besondere an dieser Serie von Helden: Wo Barbies Gut-Wetter-Freund Ken nur Arme und Beine bewegt kriegte, was immer wirkte, als wäre er entweder aufgebahrt (Arme unten) oder stürzte die Niagarafälle herab (Arme oben), war das Action Team so voll beweglich, dass es schon absurd war. Die Hände konnten greifen, sie hatten bewegliche Fußgelenke, bewegliche Augen, ernsthaft, und echtes Haar und Bärte. Jede dieser Figuren konnte mehr als ich. Und keine dieser Actionfiguren übte einen gewöhnlichen Job aus. Für sie war Ken ein Trallafitti-Arbeitslosen-Hallodri mit Cabrio. Das Action Team bestand aus Jetpiloten, Fallschirmspringern, Männern mit Umschnall-Hubschrauber, Kerlen, die nicht ganz maßstabsgetreue Nashörner im Anhänger hatten, und eben diesem Tiefseetaucher. Der war auch am teuersten. Für meinen Oppa waren das, Originalzitat, »Anzieh-Püppchen«, aber der ist auch im Krieg gewesen.

Würde mein Oppa heute noch leben, würde ich ihm sagen: »Jaha, Großvater. Von wegen Anziehpüppchen. Für diesen 40 Jahre alten Wämser mit Vollausstattung hab ich auf eBay 350 Dollar bezahlt. Komplett. Alles dabei. Helm, Anzug, Axt, alle Schläuche, und die Bleischuhe. Echte Bleischuhe. Der kann tauchen!«

Ich bekam meinen original Actionteam-Tiefseetaucher an Heiligabend '75 oder '76. Vorher das übliche Großeltern-Vorbescherungs-Event. Drei Stunden *Dr. Dolittle*, *Tschitti-Tschitti-Bäng-Bäng* und Co. Im etwas grünstichigen Fernseher, während Omma und Oppa hinter der Esszimmer-Milchglasscheibe herumspukten. Dann hörten wir ein Glöckchen, das hieß, es war Zeit, mit der Betonung von Frankensteins Kreatur ein Weihnachtsgedicht runterzuhecheln, und dann wurde unter die Tanne gehechtet. Und da war er! Ich bin komplett kaputtgegangen an diesem Heiligabend in den Siebzigern. So schön war es nie wieder.

Am nächsten Tag habe ich den sofort im Badezimmer getestet. We call it a Pullewanne. Keinen Schaum heute, instruierte ich Omma, die wie üblich am Hahn den Einlass machte, denn Hard Rock, so hieß der Tiefseetaucher offiziell, würde heute seinen ersten Abstieg ins Wasser haben. Und das ging. Ab in die Wanne. Hard Rock war bereit. Blei-Schuhe an. An seinem Helm waren so Gummischläuche befestigt, und man konnte ihn mit einem kleinen Blasebalg auf- und absteigen lassen. Es funktionierte perfekt. Zwar tauchte Hard Rock ein bisschen ungut an meinen Hoden vorbei, denn groß war die Wanne nicht, aber er tauchte! Das war das beste Spielzeug der Welt. Mein Oppa fand das mit der Wanne und Hard Rock auf so vielen Ebenen befremdlich, dass er gar nix dazu sagte, aber man sah es ihm an.

Nach Weihnachten traf ich meine Freunde. Jörg hatte eine Carrera-Bahn bekommen. Hab ich nie kapiert, das Konzept. Wenn ich einen filigranen Rennwagen fünfhundertmal am Tag aus der Spur fliegen sehen wollte, konnte ich den ja genauso gut direkt durchs Zimmer pfeffern. Aber der Star unseres Meetings war ohnehin HARD ROCK. Wir gingen in den Waltroper Stadtpark, rüber zum Ententeich.

Ich demonstrierte, was möglich war. Erklärte das Konzept des Tiefseetauchens, befestigte die Schläuche, meine Freunde und ich nickten uns markig zu, ich sagte so was wie: »Hard Rock geht jetzt auf Expedition. Vierhundert Tiefenmeter.« Dann versenkten wir Hard Rock im Teich, Zentimeter um Zentimeter, er tauchte! Bläschen stiegen auf. Er tauchte. Warum auch nicht? Hatte ja diese Bleischuhe an. Dann machte es plopp. Die Schläuche hatten sich gelöst. Hard Rock verschwand in der Tiefe. Und weg war er. Hatte ja, wie gesagt, Bleischuhe an.

Jörg ist immer noch ein guter Freund. Wir gingen gemeinsam zur Schule. Sein Abschlusszeugnis war bedeutend besser als meins. Hab ich gehört. Denn bei der Zeugnisvergabe kniete ich immer noch schreiend am Teich. Ich hatte auch so eine Flummi-Sache damals, aber das hier war schlimmer.

Ich hab den Verlust nie verwunden. Ist eine wahre Geschichte. Hard Rock und mir war nicht viel gemeinsame Zeit beschieden, und mir ist völlig egal, wie das klingt.

Na ja. Man wird erwachsen. Ich bin jetzt Geschichtenerzähler. Und ich lebe sparsam. Denn das hat mich der Verlust gelehrt. Das erste gestohlene Fahrrad, das erste liegen gelassene Stofftier, das verarbeitet man nie. Na ja. Jetzt bin ich 'n alter Knochen. Ich lebe übrigens auch deshalb so sparsam, weil ich plane, irgendwann in den nächsten Jahren den Waltroper STADTPARK ZU KAUFEN UND DANN MIT BAGGERN ANZURÜCKEN UND DEN KOMPLETTEN SCHEISSTEICH ABZUPUMPEN UND HARD ROCK DA RAUSZUHOLEN, DENN DAS IST MEINER, UND MIR IST KOMPLETT WURSCHT, WAS DAS KOSTET! WIR BRAUCHEN KEINEN TEICH! DIE ENTEN KÖNNEN AUCH MAL 'N STÜCK GEHEN! ICH WILL MEINEN TIEFSEETAUCHER ZURÜCK, VERDAMMTE AXT.

Na ja. Und so lange hab ich mir einen anderen gekauft. Dreihundertfünfzig Dollar. Schnapper. Würde mein Oppa noch leben, würde er sagen: »Respekt, Junge, dass du so am Ball bleibst. Das zeigt Leidenschaft.«

Kleiner Scherz. Würde mein Oppa noch leben, würde er sagen: »DREIHUNDERTFÜNFZIG DOLLAR? DU HAST WOHL DEN SCHUSS NICHT GEHÖRT, DU PANNEMANN! RECHNE DAS MAL IN D-MARK UM! FÜR EIN ANZIEHPÜPPCHEN!«

Aber er war ja auch im Krieg. Und ich bin ein bisschen doof. Da kann man nix machen.

Kinderpost

Ja, damals waren die Träume noch übersichtlich. Man wollte kurz Astronaut werden, die Grundschule bot aber einfach nicht diese Zentrifugen-Tests an, wo man mit fliehkraftbedingt achtfachem Körpergewicht in eine Turnhalle göbelt. Feuerwehrmann war auch saugefährlich, Comanche kein Beruf, Cowboy auch nur bedingt, da blieb dann entweder Batman – das hab ich dann gemacht – und Kaufmann – dafür gab's auch entsprechende Kaufläden im Maßstab 1:200 mit schabengroßen Waschmittelpaketen und so, und dann natürlich, um sich schon mal in das große berufliche Traumprojekt reinzufuchsen: die Kinderpost.

Leckopfanni. Was man da nicht alles machen konnte! Äh ... Post. Das war quasi der erste Pop-up-Store für Pansen, die gern verbeamtet werden wollten. Ich hab beim Wort »Beamte« übrigens jahrelang »Biiiemte« gelesen, wegen Raumschiff Enterprise. Kirk und so. Und Pille. Bitter. 'ne bittere Pille war aber auch, dass zwar 'ne Menge wichtiger Stempel im Klumpatschsortiment der Kinderpost enthalten waren, man konnte aber nur einmal was abstempeln. Dann war die Vorlage versaut. Nachbestellen konnte man da nix. Bei wem auch?

Na gut, man konnte noch gepflegt die heimische Raufasertapete entwerten, aber ruck-zuck hatte Vati dann ein Kinder-Gulag gekauft, und da saß man dann drin bei Stuten und Kaba. Schaurig, schaurig. Jetzt mal echt: Wann kam der unheilige Brauch auf, den Blagen verkleinerte Arbeitsplätze zu verticken? Kaufladen. Post. Warum nicht direkt 'n Kiosk? Wo die Omma dann mitspielt und sagt: »Tach.«

Und du: »Mensch, Jürgen, schön dattemarumkomms. Wie immer? Vier Schachteln rote Hand, 'n Magenbitter und die Praline?«

Omma: »Ja sia. Hasse dat mit dem Heinz gehört? Im Garten umgekippt, Grill umgeschmissen, komplette Bude abgebrannt, bis auf die Grundmauern, aber Gott sei Dank keinem wat passiert.«

Omma: »War ja nur zur Miete.«

Du: »Ja, Gott sei Dank, doo.«

Omma: »Gutgehen.«

Du: »Jou. Lass dir ein' wachsen, ne.«

Omma: »Da kannze mich für bekucken.«

Das wäre noch was gewesen. Aber 'ne Post? Das war echt 'n stumpfes Spielzeug. Ich lehne die Post ja nicht rundheraus ab, mein Postbote zum Beispiel ist einer der besten Typen der Welt, bei Wind und Wetter am Meter machen, aber die Post als solche ...

Vor zwei Jahren hat die Post bei mir im Ort dichtgemacht. Lohnte sich nicht für den Konzern. Da ist jetzt ein Subunternehmer drin, der das für die Post macht, und außerdem alles verkauft, was halbwegs passt: Zigaretten, Zeitschriften, Luftpumpen, Kajaks, Perücken, Teppichfliesen, AC/DC-T-Shirts. Das ist der Lauf der Dinge.

Ich glaub, die Post hat ein bisschen die Übersicht verloren. Klar, die denken ja auch, sie wären ’ne Bank. Nächstes Jahr schließt die nächste Post im Nachbarort, hab ich gehört. Schade. Von daher ist das abgebildete sonderbare Relikt hier die einzige Möglichkeit für mich, überhaupt noch in die Nähe einer Filiale von dem Verein zu kommen. Und viel Platz nimmt sie auch nicht weg. Na ja. Und nächstes Mal dann bestimmt die Kinder-Großschlachterei. Mit so kleinen Saison-Rumänen, von denen zwölf in eine Hundehütte passen, mit Bolzenschussgerät und mit ’ner Besitzurkunde für ’nen Fußballverein. Ich halte Sie auf dem Laufenden.

Parkhaus

Wissen Sie: Je älter ich werde, desto mehr blicke ich zurück. Mädchen haben mit Puppen gespielt, Jungs mit Autos. Ist natürlich autoritärer Geschlechter-Unfug. Ich hab auch mit Puppen gespielt.

Jedenfalls: Autos. Ich hatte derartig viele kleine Metallboliden vom Marktführer, Sie wissen schon. Da war alles dabei: Krankenwagen, alle Karren von James Bond, Porsches, das Batmobil, die komplette Bandbreite. Speziell Batmans Auto, das Modell der Sechzigerjahre, hatte zwei majestätisch nach oben gerichtete Raketenwerfer, deswegen war für meine Mutter besonders wichtig, dass meine Autosammlung am Abend gut verwahrt wurde. Denn meine Mutter ging gern barfuß durch die Wohnung; Pantoffeln galten nichts im Hause Sträter, die waren nur was für Leute, bei denen Derrick nachts um vier am Bungalow klingelte.

Ding Dong: Oha, wer kann das sein? Morgenrock an, Pantoffeln mit Bommel stehen bereit, hineingeschlüpft und ab zur Tür.

Derrick: »Guten Abend. Entschuldigen Sie die Störung.«

»Ja, bitte?«

»Kennen Sie Manfred Kottlewski?«

»Natürlich. Das ist mein Mann. Stimmt etwas nicht?«

Derrick: »Kann man so sagen. Er ist tot, Frau Kottlewski.«

»Oh mein Gott!«

Derrick: »Wo waren Sie heute zwischen 3:10 Uhr und 3:55 Uhr?«

»Ja, hier. Das war ja vor fünf Minuten.«

Derrick: »Kann das irgendwer bestätigen?«

»Ja, mein Mann!«

Derrick: »Der hängt in Castrop erwürgt überm Kicker! Bitte begleiten Sie uns.«

Ist auch egal jetzt. Jedenfalls trug meine Mutter nie Pantoffeln, deswegen trat sie abends immer aufs Batmobil, und danach roch das dann immer so komisch.

Darum war es auch überhaupt keine große Sache, dass meine Mutter mir das Parkhaus kaufte. Das hatte jeder, der im Miniatur-Auto-Brummbrumm-Schiebe-Business was auf sich hielt! So auch ich. Es gab nix Besseres, als gegen 19:30 Uhr (das war Sperrstunde in der Casa Sträter) in das Frottee-Ensemble zu grätschen und dann sämtliche Autos ins Parkhaus zu fahren. Eins nach dem anderen. Vorher tanken, war ja alles da, und dann Kfz-Heia. Und ich habe JEDES Auto von der unteren Einfahrt aufs Oberdeck geschoben, nix mit einfach obendrauf setzen, nee, und wenn ich mir den Ringfinger dabei ausgekugelt hätte. Das war die heile Parkhauswelt. Ein völlig alltägliches Gebäude gab's als Spielzeug.

Mein Parkhaus hielt viele Jahre, nahm aber irgendwann Platz weg. Ich wurde erwachsen. Und dann benutzte ich das erste Mal ein echtes Parkhaus, und seitdem hasse ich die Dinger! Keine Ahnung, was das für Psychos sind, die Innenstadtparkhäuser entwerfen, vermutlich geht's um maximalen Ertrag bei minimaler Platzverschwendung, andererseits bieten diese Parkhäuser auch einiges. Für drei Euro pro angefangene Achtelsekunde wird einem am Auto die Antenne entfernt, beim Einfahren auf die nächste Etage lernen Sie rangieren in siebenunddreißig Zügen und bekommen in einem Arbeitsgang den Lack an der Tür abgehobelt, und wenn Sie dann weit oben über den Dächern der Stadt eine Parkbucht gefunden haben, dürfen Sie siebzehn Etagen durchs Treppenhaus latschen, in dem offensichtlich der gesamte Urin der Stadt gesammelt wird, weswegen man dann den Rest des Tages angeguckt wird, als hätte man sich eingestrullt. Und bei der Fahrzeugabholung füttert man den neurotischen Automaten mit Scheinen, er nimmt aber nur welche von nach 2009, und wenn 'n Knick drin ist, KANNST DU IN DEM PUFF ÜBERNACHTEN, DENN DANN TUT DER AUTOMAT SO, ALS HÄTTEST DU 'NE SCHEIBE MORTADELLA IN DEN SCHLITZ GESCHOBEN UND DEIN LEBEN IST VERWIRKT UND FINSTERNIS WIRD ÜBER DICH KOMMEN, JETZT UND IMMERDAR!!!!

Aber das Parkhaus früher war toll. Und meine Autos. Auf amerikanischen Rückspiegeln steht, dass Objekte im Rückspiegel größer wirken können, als sie sind. Ist mit der Kindheit genauso.

Die Balltröte

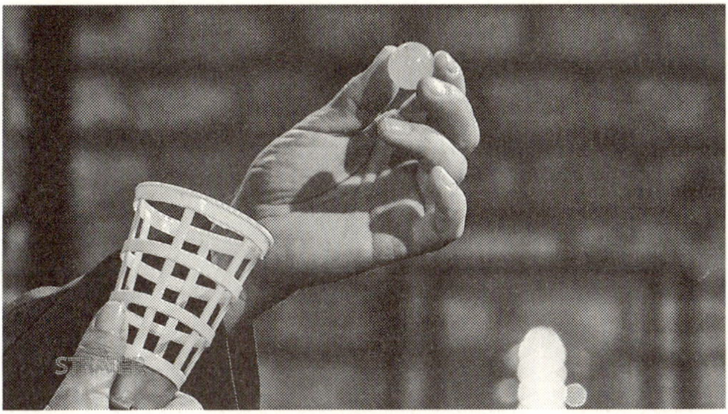

Als ich so acht Jahre alt war, kaufte mir meine Mutter so eine Balltröte im Urlaub in Italien. Eins. Cool. Die Mechanik war überwältigend. Man hatte diesen Eiswaffelschoner und einen Ball, und im Inneren dieser Apparatur ist ein Mechanismus am Werke, der mittels Feder-KLACK-Schlonk-Technik den Ball herauskatapultiert. Fertig. Da kommt jetzt nix mehr. Das war alles. Wenn man jetzt nur eines dieser Geräte hat, wird das zügig ein kleines bisschen öde.

Also hockte ich vorm Wohnwagen, machte KLACK-SCHLONK, der Ball flog raus und fertig. Beim ersten Mal zielte ich nach vorn, klack-schlonk, Ball weg. Flog ins Gebüsch, ein komplettes Gestüt Eidechsen schnellte hervor, nahm den Ball mit sich und wieselte davon, um ihn vermutlich im abkühlenden Sand bis zur Bindegewebserschlaffung auszubrüten. Da kommt ja nicht so viel bei 'nem Ball.

Am nächsten Tag kauften wir einen neuen Ball. Ab da richtete ich die Tüte nach oben. War schon besser. Klack-schlonk, der Ball fliegt hoch, die restlichen neunzig Prozent der atemberaubenden Spaß-Performance wurden von der Schwerkraft abgearbeitet. Ball kam runter. KLACK-SCHLONK. Hoch. Runter.

Nach vierzig Minuten intensivsten Spiels erwartete ich keinen überraschenden Twist im Ablauf mehr und legte das Teil beiseite. Zu Hause angekommen dann der Hammer: Uwe hatte auch so eine Single-Player-Tröte bekommen! Ab da spielten wir gegeneinander. Klack-schlonk, Uwe wirft sich nach vorn und fängt den Ball. Spielt zurück. Klack-schlonk! Unfassbar spannend und energetisch! Nach einigen Stunden voller krasser Tröten-Matches begann der Abschuss-Mechanismus allerdings mehr und mehr zu erschlaffen. Hatten wir zuerst auf fünfzehn Metern Distanz den Ball abgefeuert, waren es nach drei Stunden noch acht Meter, dann fünf, und nach acht Stunden war der Mechanismus derartig ausgenudelt, dass Uwe und ich direkt voreinander standen und uns gegenseitig ins Gesicht atmeten. Schade. Aber das ist Verschleiß. Und das ist sehr schade.

Das wirft aber auch die Frage auf, warum, und das bringt uns zu Teil zwei, dieser kackenhässliche Kollege auch nach fast fünfzig Jahren immer noch anstandslos funktioniert:

Den hab ich schon ewig, den Knaben. Ein verlotterter, runtergekommener Clown mit einer mittlerweile auf halb acht hängenden Trommel, er riecht muffig, starrt einen an und hat nichts auf dem Kasten, als sich reibungslos aufziehen zu lassen und dann nervtötend atonal zu trommeln. Warum? Was hat man sich dabei gedacht? Ich hab den damals acht-, neunmal aufgezogen, der entstellte Knabe hier trommelte sich seinen uninspirierten Bullshit zusammen, und irgendwann dachte ich: Ich distanziere mich vollumfänglich von diesem mir namentlich nicht bekannten Trommel-Clown. Danke nein. Schublade.

Der Clown hatte aber überdies, vermutlich aufgrund einer kleinen Unstimmigkeit der Mechanik, die Angewohnheit, mitten in der Nacht im Dunkel seiner Schublade genau einmal auf die Trommel zu schlagen, und deswegen war ich Bettnässer, bis ich zur Bundeswehr kam. Ich würde ihn gern wegschmeißen, aber ich habe zu viele unheimliche Bücher gelesen und deswegen Schiss, dass ich irgendwann fluchtartig ausziehe, mir in einer fremden Stadt eine Wohnung suche und dann komm ich da rein und der Trommel-Clown ist schon da und knibbelt die Tapete ab. Ne, lass mal. Uwe fand den übrigens nur uninteressant, aber Uwe war ohnehin ein ganz spezieller Fall.

Mein Freund Uwe ist dieses Jahr gestorben, er fehlt mir jeden Tag, und vermutlich ist das hier nicht nur ein Text über die Vergänglichkeit von Spielzeug. Also hab ich meine Zeit hier genutzt, Uwe ein bisschen am Leben zu halten und ihn dann und wann zu erwähnen. Autoscooter. Fang den Ball. War ein guter Mann. Das hab ich für mich gemacht. Ich kann nicht versprechen, dass ich das nicht ab und zu noch mal tue. Für jetzt aber schon. Klack-schlonk.

Teil 7

Ansprachen ans Volk

Hallo, ich noch mal. Eine kurze Anmerkung: Etwas, womit ich mir beim Schreiben besonders viel Mühe gebe, sind immer die **Ansprachen zur Lage der Nation** für meine Sendung *Sträter*.

Da haben wir es stets mit einer kleinen Bestandsaufnahme der davorliegenden Wochen zu tun, und das bedeutet für mich, ich kann ein paar Minuten über die momentan herrschenden Zustände abkotzen. Oder mich sonstwie gehen lassen. Meiner Auffassung nach gehören die Texte ins Buch; nicht, um das Ding hier ins Unermessliche zu strecken, sondern weil ich finde, dass Sie da draußen einen Anspruch haben auf alle impulsiven Verschriftlichungen, die mir in den elenden letzten drei Jahren vom Hirn über meine Fettfinger in die Tastatur glitten. Es ist eine Art Notwehrhandlung. Na gut. Hier also sind sie, die **Ansprachen zur Lage der Nation**.

The great Schnittmenge
April 2020

Liebe Deutsche und alle anderen, die dem hier sprachlich folgen können, verehrte Mitbürgerinnen und Bürger, Freunde und Kupferstecher.

Wie auch schon unser Bundespräsident möchte ich es mir nicht nehmen lassen, heute zu Ihnen zu sprechen. Wie Herr Steinmeier schon erwähnte: Ja, wir sind verwundbar. Wundert mich jetzt nicht. Wir sind ja nicht die Avengers, wir sind Deutsche. Recht hat er trotzdem. Und deswegen möchte ich Sie heute auch noch mal zur Solidarität aufrufen. Draußen ist Frühling, obwohl's zwischendurch auch mal wieder grundlos saukalt war, warum, erschließt sich mir nicht, aber wumpe. Noch mal: Solidarität. Oder besser: Unterstützung und Zusammenhalt. 2020 ist ein Jahr, das schon grottenschlecht angefangen hat, aber wie es dann weiterging: Hammer! Das Virus. Lockdown. Baumarkt auf, Friseur zu, Blumenladen auf, Autowerkstatt zu, alles klar. Ich weiß nicht, wie es Ihnen geht, aber mir, an dessen Straße zum Verstand nur wenige Blümchen wachsen, hat sich das Konzept nicht hundertprozentig erschlossen. Aber sei's drum. Menschen sind gestorben. Das ist das Schlimme. Was können wir jetzt alle tun? Konkret? Nun: Unterstützen wir die Schwachen. Jedoch: Wer sind die Schwachen?

Jeder, der jetzt in der Klemme steckt. Menschen mit Depressionen. Die sind für mich zwar keine Schwachen, sondern die stärksten Leute, die rumlaufen, weil für sie jeder Tag ein Kampf ist – und zwar gegen einen Gegner, der stinkt und sich grundlos prügeln will. Aber depressive Menschen haben's gerade noch schwerer als sonst. Dann die alten Leute. Falls Sie sich jetzt fragen: Wat alt? Wie alt? Das kann ja alles heißen! Hier eine kleine Hilfestellung: Alte Leute erkennen Sie daran, dass sie in der Regel nicht rumjammern. Die haben einfach schon alles erlebt und erduldet. Ich erinnere mich gern an meinen Oppa, der in seinen späten Jahren derart wortkarg durchs Leben ging, dass es den anderen Menschen zu viel wurde. Der war nach den ganzen Jahren leergeredet. Der konnte vierzig Minuten stumm vor der Dame in der Fleischabteilung stehen. Bis die Stimmung kippte.

Fleischwarenfachverkäuferin: »Nun reden Sie schon! Bitte! Ich kann diese Stille nicht länger ertragen! Sie Monster!«

Oppa: »Hundert Gramm Sülze.«

Eine weitere Gruppe: die Kranken. Man sagt das so leicht. »Es trifft nur die mit Vorerkrankungen.« Ich will Ihnen keine Angst machen, aber wann waren Sie das letzte Mal beim Check-up? Für sich jetzt, nicht für Ihren Golf GTI. Nicht jede Vorerkrankung macht sich bemerkbar. Also nutzen Sie von Zeit zu Zeit unser furioses Gesundheitssystem und lassen Sie sich mal so generell untersuchen. Nur mal so als Tipp. Und halten Sie bis auf Weiteres Abstand.

Eine weitere Gruppe der Schwachen: Menschen, die glauben, Covid-19 wird rektal übertragen, weswegen sie zweiunddreißig Klafter Klopapier benötigen. Oder Hefe-Fetischisten. Ich habe auf eBay eine Offerte gesehen: vier Tütchen Hefe, Sofortkauf: fünfundzwanzig Euro. Lieber Mitbürger, der du diese Annonce gestartet hast: Du bist auf eine Art erbärmlich, die fast schon wieder lustig ist. Aber nur fast.

Zwischen Gier und Unsicherheit taumelt diese Gruppe ins leicht Lächerliche. Und so richtig solidarisch ist es auch nicht. Was bietet sich da für eine Emotion an: Wut? Verachtung? Mitgefühl? Ich weiß es auch nicht. Aber wissen Sie: Die ganzen Tafeln in Deutschland, also jene, die sich ehrenamtlich um die Armen kümmern, die können das Zeug brauchen. Mehl. Hefe. Klopapier. Bringense was hin, wenn Sie können.

Eine weitere Gruppe: der Mittelstand. Die böse Wirtschaft. Klar, man kann immer sagen, in Zeiten wie diesen brauche ich eh keine Hose. Stimmt. Außer man braucht eine. Wenn unsere Firmen pleite machen, wird es eng. Versuchen Sie ortsansässige Unternehmen zu unterstützen. Wie? Keine Ahnung. Denken Sie sich was aus! Ich zum Beispiel zahle meine Gebühren fürs Fitnessstudio weiter, obwohl es momentan geschlossen hat. Mache ich gern. Ist nur fair. Schon weil ich jetzt, während der Krise, genauso häufig hingehe wie vorher. Nämlich gar nicht. Aber ich möchte, dass es nach diesem Schlamassel noch da ist. Damit ich sagen kann: »Nä, heute nicht.«

Und die letzte Gruppe sind wir alle. The great Schnittmenge. Sie und ich. Und ganz ehrlich. Reden wir mal Tacheles, ja?

Keiner von uns hat eine Ahnung, wie es konkret weitergeht. Wir fummeln uns so durch. Die Forscher forschen, die in medizinischen Berufen verkeilten Menschen schuften sich wund. Die Reichen, machen wir uns nix vor, werden reich bleiben, und den Leuten ohne Rücklagen wird es noch dreckiger gehen. Und alles andere ist Ausprobieren und Prüfen und Rechnen. Und jeder hat 'ne Meinung, oder einen Verdacht, oder eine Vermutung, oder einen groben Anhalt, und das ist alles richtig, oder falsch, je nachdem, weiß man oft erst hinterher – und letztlich ist es an der Zeit, jetzt mal ganz klar zu sagen, und das tue ich nun stellvertretend für uns alle:

MENSCH, WAS GEHT MIR DIESE PANDEMIE AUF DEN SACK!

SO EINE GRAUSAME SCHEISSE IST MIR ECHT NOCH NICHT UNTERGEKOMMEN! ICH WILL, DASS ALLE GESUND BLEIBEN, VON GANZEM HERZEN, WIRKLICH, ABER ICH WILL AUCH IM AUGUST NACH WACKEN! UND DU WILLST NACH MALLE! UND OLLI WILL GRILLEN, UND ALLE KOMMEN, WEIL SUSANNE DIESEN ASTREINEN SCHICHTSALAT MACHT! UND ICH WILL WIEDER IN DEN BUCHLADEN! UND INS KINO, VERDAMMTE HACKE! UND IHR WOLLT NICHT PLEITE GEHEN UND EUER ÜBER JAHRE AUFGEBAUTES GESCHÄFT IN DIE TONNE TRETEN! KACKE HIER!

KERL, WAS GEHT MIR DAS ALLES AUF DIE FACKEL! ICH KANN DAS GANZE THEMA NICHT MEHR HÖREN! ICH HAB SO'N HASS AUF DAS VIRUS! WÄRE DAS 'N TACKEN GRÖSSER, WÜRDE ICH IHM DIE FRESSE POLIEREN! ICH STEIG DA ABSOLUT NICHT MEHR DURCH! MEIN SOHN MÜSSTE MAL WIEDER ZUR SCHULE! DER VERLIERT DIE FÄHIGKEIT ZU SPRECHEN! ODER ZU DUSCHEN! NOCH DREI WOCHEN, UND ICH HAB CHEWBACCA IN DER BUDE HOCKEN! LECK MICH FETT, IST DAS EINE KACKE!

So. Geht wieder. Das war mal nötig.

Wissen Sie: Menschen sterben, und mir geht's wie dem Bundespräsidenten: Ich weiß nix. Aber Menschen sterben, also sollten wir für eine völlig unbestimmte Zeit vernünftig und wachsam und vorsichtig sein, auch wenn das knüppelhart ist und uns echt einschränkt. Einfach, weil erst mal nix anderes hilft.

Die letzten Wochen haben mir gezeigt, dass das in uns steckt. In mir auch. Und ja, fällt mir schwer. Echt. Superanstrengend. Ich muss mich echt jeden Tag zusammenreißen. Also nehmen Sie sich besser kein Beispiel an mir. Im Gegenteil:

Seien Sie bitte ein Beispiel für mich.

Danke.

Sie, Herr Müller!

Mai 2020

Liebe Deutsche, wir sprachen schon mal drüber, trotzdem: Ich werde auch langsam ungeduldig. Das ist völlig okay dieser Tage. Gestehen Sie sich ein, dass Sie alles gerade nervt, denn das Akzeptieren des eigenen Unmuts ist ein wichtiger Schritt.

Es ist völlig in Ordnung, sich auch mal aufzuregen. Oder eben andere. Finden Sie da Ihren persönlichen Weg. Ich zum Beispiel hänge neuerdings an Sätze ein herablassendes »Falls du verstehst, was ich meine«. Nur aus Schikane.

»Es regnet. Falls du verstehst, was ich meine.«

Super. Als ob der andere ’n bisschen dumm im Kopf ist.

»Da! Ein Hund. Falls du verstehst, was ich meine.«

Macht Spaß. Eine Zeit lang. Obwohl, klar gesagt: Es gibt ja auch gute Nachrichten!

Es betrifft Sie jetzt nicht alle direkt, aber das Kultusministerium hat endlich auch einen Rettungsschirm für die Künstlerinnen und Künstler aufgespannt. Es gibt eine einmalige Soforthilfe. Die bekommen alle, die schon mal im Theater waren, den Scheck bringt Godot persönlich vorbei. Dies soll überbrückend wirken, bis Großveranstaltungen wieder erlaubt sind. Großveranstaltungen sind bis September untersagt. Wie groß groß ist und ab wo klein beginnt, wird Anfang August mitgeteilt. Entscheidend wird sein, wie viele Duschkabinen ein Theater vorweisen kann.

Veranstaltungen mit mehr als hundert Personen, die im

Schnitt weniger als einen anstecken, dürfen außerhalb Bayerns in Baumärkten von Lufthansapersonal durchgeführt werden. Sonst nicht. Aber mit Maske. Hierfür werden ab Mitte Mai sämtliche Theater-Klassiker, also Faust, Hamlet, Brecht und Benjamin Blümchen als Ballonfahrer, von Mitarbeitern der örtlichen Kulturämter zu Einpersonenstücken umgeschrieben.

Spaß beiseite. Würden sich die Damen und Herren »da oben« mal kurzfristig was für notleidende Künstler überlegen? Vielleicht nicht gerade der, der sich das mit den hundertfünfzig Euro für Laptops ausgedacht hat? Ich möchte mich da explizit von ausnehmen, ich komme klar. Aber es gibt Künstler, die erst Kellner waren, dann Stand-up-Comedians, dann waren erste kleine Hallen ausverkauft – in die sie jetzt verständlicherweise nicht reinkönnen, und wieder kellnern können sie auch nicht, also wie lautet da der Plan? Ich bitte um zügige Antwort. Aber bitte keinen verklausulierten Quatsch reden.

Noch was: Um etwas Sinnvolles zu tun, möchte ich heute einige Minuten aufwenden, um die Schüler, die dieses Jahr ihre Abschlüsse machen, auf die Prüfungen vorzubereiten. Hier also schon mal die korrekten Antworten:

Photosynthese, Hitler, Halbfettmargarine, Magnetismus, Mary Shelleys Frankenstein, Marc Aurel, im Schnitt 62, Ramadan, Parodontose, Konstante, Konsonante, Konstanze, Descartes, das Commonwealth, der kleine König Kalle Wirsch, meistens Raben, Zement, Destillat, Rumburak, Preiselbeere, die Mauren, Ding Dong, die Hex ist tot, Stalagmiten und Uwe.

Drittens: Ich möchte heute eines der größten Scheusale der Menschheitsgeschichte anprangern: den Erfinder der Blisterpackung. Obwohl, das ist bestimmt ein netter Mann. Ein Deutscher übrigens. Namens Müller. Aus Hückeswagen. Ernsthaft. Jedoch: Was soll das mit der Blisterpackung?

Sie wissen, was ich meine, oder? Diese Ewigkeitssärge aus Plastik. Ich besitze seit 2006 einen USB-Stick in so einer Blisterpackung, und irgendwie würde ich den jetzt gern mal benutzen. Ich kriege die Scheiße aber nicht auf, alles klar? Lieber Erfinder: Was ist da in Ihnen kaputt gegangen, als Sie sich gedacht haben: Ich werde Gebrauchsgegenstände nun für immer versiegeln, bis zum Ende des Universums, wie wir es kennen, einfach weil ich's kann. Haben Sie damals *Das Imperium schlägt zurück* gesehen und sich gedacht: Han Solo in Carbonit? Das ist zu weich. Echt jetzt! ICH BRAUCH DEN STICK! Ich hatte schon 'n Schlüsseldienst da, der hat vier Stunden an der Blisterpackung rumgedoktert, aber die auch nicht aufgekriegt, und deswegen wollte er dann auch kein Geld, der Ehrenmann! Nur 182 Euro für die Anfahrt. WAS soll ich tun bitte? Wer kann mir jetzt helfen? Ein Schmied? Ironman? Gott? Wie kriegt man das auf? Ich meine, ich kenne natürlich Menschen, die schon mal so eine Blisterpackung aufgekriegt haben, und die sprachen von Entbehrungen, von Waggons absurder Werkzeuge, von vier Mann, die sich weinend gegen zehn Gramm Plastik stemmten, und von Blutfontänen, JA!, Herr Müller, oder wie Sie vermutlich richtig heißen: BLOFELD! Warum ist der Kack so scharfkantig? Werden die Packungen in Solingen geschliffen, dann kommt da so ein 5-Euro-Artikel rein, dann wird die Packung von Titanenhand verpunzt und mit der Hitze von tausend zornigen Kurzarbeiter-Drachen zu einem bösartigen Manifest der Versiegelung geschmolzen? Sie Barbar! Wenn Sie unbedingt was einblistern wollen, nehmen Sie ägyptische Mumien. Oder Kim Jong-un. Oder die Mona Lisa! Also irgendwas, das niemals mehr, und möge Gevatter Mond noch Trilliarden Mal auf und wieder niedergehen, niemals mehr von Menschenhand berührt werden soll. Aber doch keine Gebrauchsgegenstände! Wieso redet da keiner von? Wovon will die Regierung ablenken? Erzähl mir nix von Corona! WIE GEHT DIE PACKUNG AUF?!

Ich wollt's nur mal erwähnt haben. Denn einfach mal Dampf ablassen is ganz was Feines.

Für mich passiert gefühlt im Moment gar nix. Sie kennen das vermutlich, wenn die Zeit plötzlich stoppt und Streifen bildet wie eine alte VHS-Kassette, und man steht da, gestern war schon, was morgen ist, ahnt man nur, man lebt also entschieden zu viel im Hier und Jetzt. Dann benötigt man ab und zu ein Ventil. Denn soziale Ungerechtigkeit, Leistungsdruck oder so Unfug wie Blisterpackungen kennen keinen Shutdown, keine innere Einkehr, keine Pause. Also rede ich dann eben darüber. So wie jetzt gerade.

Falls du verstehst, was ich meine.

Cancel Culture
Oktober 2020

Liebe Freundinnen und Freunde, Bürger, Römer, wir befinden uns noch immer inmitten dieser Pandemie, die mir mittlerweile so richtig auf die Klötze geht. Die Kinos kacken langsam ab, deswegen lief 'ne ganze Zeit lang auch nur *Tenet* von Christopher Nolan, weil man den fünfmal sehen muss, um zu checken, worum es geht, man bleibt von 15 bis 23 Uhr einfach sitzen und macht sich Notizen, und über allem im Land liegt eine gewisse Lähmung. Noch immer hat die Regierung keinen Finger krumm gemacht, um Künstlerinnen, Künstler, Techniker und Technikerinnen und Theater und Theaterinnen irgendwie zu stützen, und sei es nur mit Geld. Verzeihen Sie das ungelenke Gendern, ich lerne das noch, nehme ich an.

Ich bin ja, wie ich gelernt habe, nicht einfach nur irgendein Typ, sondern ein Cis-Mann. So nennt man das vor allem unter Akademikern, wenn die eigene Geschlechtsidentität dem Geschlecht entspricht, das einem bei der Geburt zugewiesen wurde. Ich dachte natürlich auch erst, Cis-Mann seien diese ganz kleinen roten Böller, von denen die Hälfte beim Anzünden immer nur Schhhhhhppppfff gemacht hat, was natürlich Quatsch ist. Ich bin also Cis-Mann.

C. I. S. So sei es. Ich bin gewiss auch CSI-Mann, vor allem Miami, aber jetzt ist auch mal gut. Das neue Jahrtausend ist jenes, das alles benennen kann, also bin ich Cis-Mann, also Mann im Körper eines Mannes und fein damit. Es gibt viele verschiedene Formen des Seins, viele Identitäten, die vielleicht nicht auf den ersten Blick des stumpf Außenstehenden als deckungsgleich mit dem Geschlecht angesehen werden, aber das ist etwas, das jeder Mensch gestalten sollte, wie er mag. Sei, wer du sein willst. Wir sind alle völlig normale Leute.

In Zeiten, in denen man nicht mal bezahlbaren Wohnraum bekommt, ist es ja wohl das Mindeste, sich wenigstens sein Geschlecht aussuchen zu können, ohne schief angesehen zu werden. Jeder hat das Recht auf ein erfülltes Leben nach seinen Bedürfnissen und Sehnsüchten. Fertig.

Was noch? Ein Wort zum Thema *Cancel Culture*, also die brandneue Praxis, durch Drohen oder Alarm Ereignisse wie Konzerte oder Kabarett-Auftritte zu verhindern. Lächerlich. Wenn du das, was der Künstler oder die Künstlerin da auf die Bretter bringt, kacke findest, geh nicht hin. Das ist stiller Protest vom Feinsten. Und nervt weniger. Andererseits hatte ich Auftritte, die so übel waren, dass ich wünschte, irgendwer hätte mich im Vorfeld davon abgehalten. Das war aber meine Schuld.

Kenne dein Publikum. Ich hatte eine Show in Rheinland-Pfalz, lustige Geschichten im Gepäck, ich hab alles gegeben, aber irgendwie stand der Abend unter dem Motto: Der Hundertjährige, der aus dem Fenster stieg und verschwand. Wo war da die Cancel Culture? Wenn man sie mal braucht?

Na ja, dieser Tage wird die Kultur, wie erwähnt, überall gecancelt, unabhängig vom Thema, weil Corona. Ich schaue jeden Tag: Was kann ich tun? Wo kann ich hingehen? Zwei Sachen. Hab ich gefunden. Kein Scherz, in der Zeitung gelesen – kennst du möglicherweise, Zeitung. Ist wie das Internet, knittert aber mehr.

Dafür musst du nicht jeden Morgen anklicken, welche Cookies du zulässt: Nur relevante? Werberelevante? Allgemeine? Spezielle? Mysteriöse? Für Reklame, Tracking, Verbesserungen, Lolek, Bolek? Kann man einfach so lesen. Jedenfalls stand in der Zeitung, im Ernst, die Justizvollzugsanstalt Werl hat Tag der offenen Tür. Comedygold.

Es wird also doch noch was getan. Und wer traurig ist, dass so wenige coole Veranstaltungen über die Bühne gehen, hier: BRENNHOLZPRODUKTION LIVE! Karten ab sofort im Vorverkauf! Im Vorprogramm läuft KLARLACK – DIE REVUE!

Allmählich bin ich komplett raus. Was für ein Kack-Jahr.

Liebe Mitbürger_innen jeder geschlechtlichen Ausrichtung, wie soll das noch werden? Ich wasche mir ja gerne die Hände, störe mich auch nicht an der Maske, oder am Abstand. Obwohl ich diese ein Meter fünfzig als belastend empfinde.

Speziell auf der A2 ist mir das oft zu nah an anderen Fahrzeugen. Klar, wenn du so dicht hinterm Flixbus klebst, hast du WLAN im Auto, aber es stresst. Mir fällt auch nix Gutes zu Corona mehr ein. Ich habe die Corona-App und frage mich, warum die bei zig Millionen Ocken Entwicklungskosten nicht wenigstens 'n Spiel eingebaut haben. Oder 'ne Verknüpfung mit eBay-Kleinanzeigen. Dann bekäme man Meldungen wie: »Keine Risiko-Begegnungen, aber: WAS LETZTE PREIS HURENSOHN?« Wir dürfen den Humor nicht verlieren.

Ich ersuche Sie deswegen hiermit, sich Dinge zu suchen, die Sie amüsieren. Bester Gag, den ich in letzter Zeit gelesen habe? War auf Twitter, von jemandem mit den Twitternamen *Haus ohne Fenster*. Geht so: »ENTFÜHRER MIT WORTWITZ: Ich habe eine Ute und eine schlechte Nachricht.« Das war's.

Ich komm auch null klar drauf.

Ist sehr lustig auf Twitter, mitunter. Ich gebe mir ebenfalls Mühe, irgendwas Komisches zu machen und zu schreiben, hier im TV, was auch nötig ist, denn wenn nicht bald was passiert, wird's vielleicht keine Theater mehr geben, und die Leute, die in ihnen gearbeitet haben, fahren Pizza aus oder so, und ich finde Fernsehen auch toll, keine Frage, aber live ist doch was anderes, weswegen ich gerade das dringende Bedürfnis habe, allen Menschen INS GESICHT ZU FASSEN, was ich aber nicht mache.

Diese ganze Ansprache war genauso seltsam wie 2020 bis hierhin. Ich weiß. Ich kann's nicht ändern.

Danke.

November-Ansprache

November 2020

Liebe Mitbürger jedweden Geschlechts, lassen Sie mich einen Moment zu Ihnen sprechen.

Wir haben November, oder wie ein Bekannter immer sagt, NoFEMber, völlig falsch betont, ohne Grund, da ist auch kein Lerneffekt zu erkennen, sei's drum, es ist November. Kalt, dunkel, Erkältungswetter, und ich hab gerade 'ne Phase, wo mir alles so ein bisschen egal ist. Es ist völlig okay, wenn einem mal alles egal ist. Es sollte kein Lebenskonzept sein, aber für 'ne gewisse Zeit geht das klar. Absolut. Das ganze Jahr über staut sich Zeug an, zu dem man dringend eine Haltung benötigt, oder wenigstens eine Meinung. Man muss dauernd für irgendwas brennen, also sollte man auch mal lockerlassen. Dafür eignet sich der November, der Monat mit dem sehr weich gesprochenen V, ausgezeichnet. Im Dezember müssen wir ja schon wieder Gas geben und uns irgendwo zwischen Weihnachtsmarkt-Absage-Empörung und »Welcher gesunde Mensch trinkt ohne Not Glühwein?« positionieren.

Also mache ich das jetzt. Im November. Nichts geregelt gekriegt dieser Tage. Kleines Tief. Obwohl: Ich hab schon was geregelt gekriegt, es ist nur hierfür nicht benutzbar. Ich hab zum Beispiel englische Popmusik ins Deutsche übersetzt. Einfach nur so. *Sex Machine* von James Brown. Kann man hier nichts mit machen. Versteht keiner. Wirkt auch seltsam. Anderseits: Egal.

Sex Maschine

Von James Brown. Ins Hochdeutsche übersetzt von Torsten Sträter.

Kollegen, ich bin bereit aufzustehen und mein Ding zu machen
Ich will mich darauf einlassen, Mann, weißt du?
Wie ein, wie ein Geschlechtsverkehr-Apparat, Mann,
Bewegen Sie sich, tun Sie es, wissen Sie
Bleib auf der Szene (steh auf),
wie ein Geschlechtsverkehr-Apparat (steh auf)
Steh auf, (steh auf)
Steh auf, (steh auf)
Bleib auf der Szene (steh auf),
wie ein Geschlechtsverkehr-Apparat (steh auf)
Steh auf, (steh auf)
Bleib auf der Szene (steh auf),
wie ein Geschlechtsverkehr-Apparat (steh auf)
Bring es zusammen, genau richtig, genau richtig
Steh auf, (steh auf)
Steh auf, (steh auf)
Steh auf, (steh auf)
Hah!
Hah!
Steh auf, (steh auf)
Steh auf, (steh auf)
Steh auf, (steh auf)
Du gibst mir das Fieber und einen kalten Schweiß
So wie ich es mag, ist es so, wie es ist,
Ich habe meine, mach dir keine Sorgen um seine
Steh auf, (steh auf)

Bleib auf der Szene (steh auf),
wie ein Geschlechtsverkehr-Apparat (steh auf)
Ende.

Gut. Das hätten wir.

Dieser Tage ist meine Mutter seit sieben Jahren tot. Ist Ihnen das eine zu abrupte Überleitung? Mir egal. Also dieser Tage ist meine Mutter seit sieben Jahren tot. Es kommt mir sehr genau vor wie sieben Tage. Ich weiß noch alles von diesem Tag. Hatte am Vorabend einen Auftritt in Bielefeld, kleiner Laden, ewiges Gegurke über Land. Was ich lustig fand, war, dass ich zwanzig Minuten über finstere Landstraßen zum Auftritt gurkte, und plötzlich sehe ich am Horizont ein gleißendes Licht, und ich fahre darauf zu, und irgendwann sehe ich, dass mitten in dieser Einöde, kein Haus weit und breit, eine gigantische Plakatwand steht, angestrahlt wie Cape Canaveral, und auf der Plakatwand steht: GYROS WIE BEI OMMA!

Jedenfalls trete ich auf, enger Laden, warm, und in der Pause sitze ich in meiner Garderobe und erhalte eine SMS, dass meine Mutter in dieser Nacht sterben wird.

Falls Sie sich fragen, was ich dann tat: Ich habe dann die zweite Hälfte meines Programms gespielt. Das ist es, was wir Komikerinnen und Komiker tun. Seitdem betrachte ich mich als Profi. Sie müssen mich deswegen noch lange nicht lustig finden, aber ein Profi bin ich seitdem. Meine Mutter ist dann am frühen Morgen gestorben. Ziemlich genau sieben Jahre her. Seitdem ist mir im November ziemlich viel egal. Also, ich zieh immer noch 'ne Hose an, wenn ich zum Bäcker gehe, aber ansonsten ist nicht viel los mit mir. Ich schaue mir viele Bilder meiner Mutter an. Mein Lieblingsbild ist ganz klar das mit der Darth-Vader-Maske.

Das war jetzt natürlich wieder komplett unangemessen. Ich fühl mich jetzt allerdings besser. Na ja.

Ich hab auch *Pump Up The Jam* übersetzt. Von Technotronic.

Pumpen Sie die Marmelade auf, und pumpen Sie sie
Pumpen Sie die Marmelade auf
Pumpen Sie es auf
Pump es auf yo
Pumpen Sie die Marmelade auf
Pumpen Sie es auf
Pumpen Sie die Marmelade auf und pumpen Sie sie
Pumpen Sie die Marmelade auf
Pumpen Sie es auf
Pump es auf, du pumpst es
Pumpen Sie die Marmelade auf, pumpen Sie sie
Pumpen Sie die Marmelade auf, pumpen Sie sie
Pumpen Sie die Marmelade auf, pumpen Sie sie
Pumpen Sie die Marmelade auf, pumpen Sie sie
Pumpen Sie die Marmelade auf.

Da kämen jetzt noch vier Seiten, aber ich glaub, ich mach mal Feierabend. Schönen November. Halten Sie sich aufrecht.

The Voice
April 2021

Liebe Mitbürgerinnen und Mitbürger,

Frank Sinatra sagte mal: »Ich bin keiner von diesen komplizierten und verdrehten Typen. Ich suche nicht nach dem Sinn des Lebens. Ich lebe in den Tag hinein und nehme die Dinge, wie sie kommen.«

Ich bewundere Sinatra. Und ich bewundere seine Einstellung zum Leben. Hätte ich auch gern. Sie kennen das.

In den letzten vierzehn Monaten haben wir nun alle Phasen der Emotionen durchlaufen, oder? Wissen Sie noch? Letzten März? Als es plötzlich hieß: Wir haben eine Pandemie!

Bis dahin dachte ich noch, »Pandemie« ist so ein Konzert, dass diese peruanischen Jungs mit den Ponchos vorm Karstadt geben. Aber von wegen. Da kam was aus China, und zwar etwas, das man mal nicht beim Zoll in Gelsenkirchen abholen musste. Und zack – los ging's. Ernst genommen habe ich das damals nicht. Ich hab mich drüber lustig gemacht und Witze gerissen wie: Niesen Sie in die Armbeuge. Am besten in die von anderen Leuten. Ha-ha!

Und dann: der erste Lockdown. Da habe ich mir gedacht, na gut, das Jahr hat zwar grad erst angefangen, aber mal vier Wochen Pause ist auch schön. Könnte ja in Urlaub fahren. Ging aber nicht. Trotzdem: Las Vegas wäre cool gewesen.

Frank Sinatra sagte einmal:

»Las Vegas ist der einzige Ort, den ich kenne, an dem Geld sprechen kann. Es sagt: Leb wohl.«

Wenn Sie momentan selbstständig sind, kennen Sie das ja.

Na ja. Und dann ging's weiter. Ein warmer Sommer, ganz gute Inzidenz – und anscheinend genau das richtige Wetter, um mal auf dem Nacken der Allgemeinheit ein paar lukrative Maskendeals einzufädeln. Diese staatlich vereidigten Profi-Suppenkasper! Nichts weiter als Dödel in Anzügen im mittleren Preissegment. Aber vermutlich trifft die gar keine Schuld. Vielleicht bezahlen wir sie einfach nicht gut genug. Na ja.

Und dann ging's langsam bergab. Im Hintergrund wurden eifrig Impfstoffe entwickelt, in Rekordzeit! Im Lockdown-Dezember waren sie dann da. Krass.

Letzte Woche dann erklärte ein strahlender Jens Spahn, 6,7 Prozent der Deutschen seien schon durchgeimpft. In vier Monaten. Respekt, Jens, Respekt. Was kommt als Nächstes? Der Intercity *Annette Horst Lelleck* nach Kassel, planmäßige Abfahrt am 21. November 2019, fährt jetzt auf Gleis 8 ein? Oder was? Vermutlich sitzen die Impfstoffbeschaffer im selben Büro wie die Leute, die die Novemberhilfe auszahlen. Ich empfehle ruckartiges Stoßlüften. Und nu? Nächster Halt: Ausgangssperre. Verstehen Sie mich nicht falsch. Ich trage die Maßnahmen mit, komplett, auch die schwachsinnigen, aber beim letzten Mal, als mir jemand sagte, ich solle um 21 Uhr zu Hause sein, geschah dies aus gutem Grund: Ich hatte am nächsten Tag Schule. Liebe Leute in der Regierung: Eure beknackten Ideen kommen zu schnell, die guten zu spät. Ihr verschwendet Lebenszeit. Die von den Menschen, die noch leben, und die von den Toten sowieso. Sinatra sang mal: »Im gonna live, till I die.«

Geht mir auch so. Ich hätt's gern nett, bevor ich abnippel. Sinatra sagte auch mal: »Wenn ich gewusst hätte, wie alt ich werde, hätte ich besser auf mich aufgepasst.« Sehr gut. Na ja, bei allem Schlamassel, eines bleibt noch. Die eine Sache, die unsere Politik nicht verkacken kann, weil's einfach nicht in ihrer Macht steht: das Wetter. Zumindest nicht dieses Jahr. Auch die Klimapolitik wird natürlich dazu führen, dass es immer schlimmer wird, aber das zieht sich noch. Und auch dann macht einer von der CSU 'n Deal, um Eisberge zu beschaffen. Mit Amazon vermutlich. Die haben dann welche. Aber diesen Sommer nimmt uns niemand.

Und ihr könnt mir viel erzählen, aber nicht, dass ich um neun zu Hause sein soll. Zwingt mich nicht, mir zwei Rottweiler wie in *Das Omen* zuzulegen, die dann Schlag Mitternacht beim Gassigehen das halbe Ruhrgebiet in Grund und Boden koten. Echt.

Was ich sagen wollte, war: Versuchen Sie sich mit dem, was da ist, zu amüsieren. Es wird wieder besser. Vermutlich wird's dazwischen noch zweimal schlecht, kennen wir ja, aber: Es wird besser. Und wenn es dann besser wird, und das wird es, dann ist das nur Ihnen zu verdanken. Nicht irgendwelchen Polit-Nasen. Sicher: Bis dahin werden wir zwischendurch ein großes Blutbild brauchen, um Unterlegscheiben zu kaufen, es gibt staatlich angeordneten Mittagsschlaf von eins bis drei, und egal, wer dann Kanzler ist, wir werden rufen: »Ach bitte, was denn noch?« Aber es wird. Blamabel lahmarschig, aber es wird.

Bis dahin. Kopf hoch. Nicht runterziehen lassen. Ich gebe zu: Die Ausgangssperre soll nur zu unserem Besten sein, ist klar, vor allem, damit wir abends keine Leute zu Hause besuchen. Aber da sollte es reichen, das dann auch so zu sagen:

BESUCHT ABENDS NIEMANDEN. Punkt. Und es wird leider Zeit für einen richtig harten Lockdown. Finden manche scheiße. Weiß ich. Aber ich denke, das muss sein. Die Zeit drängt ein bisschen. Ja, das klingt alles düster, und man kriegt auch 'n bisschen Angst, und wo ist noch gleich die Perspektive auf all das? Was soll ich jetzt tun? Cool bleiben.

Oder, um auch endlich mal ein Zitat von Frank Sinatra zu bringen: »Die große Lektion des Lebens, Baby, ist, sich niemals von irgendwem oder irgendwas einschüchtern zu lassen.«

Prost.

Für den Doktor

September 2021

Liebe Mitbürger und Mitbürgerinnen und alle nicht-binären Menschen, ahoi.

Ich wünschte, es wäre nicht so früh im Jahr.

Es ist Ende September, wo wir hier gerade so launig beieinanderhocken, aber nicht Ende September genug, um zu wissen, was bei der Bundestagswahl abgelaufen ist. In meinem Zeittunnel hier ist das noch 'ne Woche hin, bei Ihnen jetzt im Moment aber schon Schnee von vorgestern. Drucktermine, klar, sagen jetzt die Pragmatiker. Aber für mich ist es eine Zeitreise. Sie wissen immer mehr als ich, denn Sie leben ja in der Zukunft. Buchstäblich. Schon sonderbar.

Ich hab keinen Schimmer, wer jetzt Kanzlerin ist, oder behelfsweise Kanzler. Wenn's Frau Baerbock ist, Glückwunsch. Die hatte mich schon als Wähler, als sie in einem Interview seinerzeit immer »Kobold« statt Kobalt sagte. Mit so was kriegst du mich. Ich bin ja im Prinzip gegen den Kobold-Abbau, weil die sich ja auch ganz oft wehren, die verlassen ja nicht gern ihr Habitat, falls es die gibt, aber wenn es die gäbe, zum Beispiel im Hambacher Forst, hätte Herr Laschet die sowieso aus dem Gebüsch gekeult. Ist der es geworden? Nee, oder? Oder Scholz? Der alte Phrasen-Automat? In 'ner Woche weiß ich mehr.

Na ja. Übrigens: 2045 soll Deutschland klimaneutral sein! Dann sind auch spätestens die angekündigten Flugtaxis da, und mit ihnen die üblichen Sprüche: »Sie müssen das ganz vordere Taxi nehmen«, »EC-Kartenzahlung geht grad nicht« und »Also das Stück kann man auch gut laufen«.

Wir sind immer noch Deutsche, und manche Dinge ändern sich nie. Klimaneutralität. Ich bin gespannt. Apropos: Ist der Katastrophenschutz mittlerweile in Ahrweiler angekommen? Und ist Ihnen aufgefallen, wer da die wahren Helden sind? Die ganz normalen Leute. Der Mittelstand. Die haben zehn Sekunden nach der Katastrophe begonnen, Baumaterial, Geräte, Zeit und Geld zu investieren, um zu helfen. Die sollten in Berlin schon mal anfangen, eine Lkw-Ladung Bundesverdienstkreuze zu klöppeln, ich finde, zumindest die sollten vor Weihnachten noch rausgehen.

Und sonst? Es war ein ganz ordentlicher Sommer, so aus Live-Künstlersicht. Eine Menge Veranstalter jeden Geschlechts haben sich echt ins Zeug gelegt. Das war toll. Open Air! Da war alles dabei! Ich war bei sechsunddreißig Grad in meiner Eigenschaft als sprechender Ofenkäse in Hessen, bei strömendem Regen in Potsdam, überall, sogar in Wien. Fremde Kultur. Ich saß da im Café, um mir ruckartig für siebzig Euro Sachertorte reinzupumpen, bestelle 'n Kaffee und der Kellner sagt: 'n Verlängerten? Hier können Sie jetzt Ihren eigenen Peniswitz einfügen, das ist mir echt zu doof mittlerweile.

Ich mag die Österreicher. Ich mochte immer deren Währung. Hab ich bei Aktenzeichen XY so geliebt. Nie den Umrechnungskurs gecheckt. Wenn Eduard Zimmermann immer nach Wien schaltete, auf ein und demselben Nordmende-Fernseher, und der Typ im Wiener Studio sagte: »Für die Ergreifung des Täters ist eine Belohnung ausgesetzt: 20.000 Mark oder sechs Milliarden Schilling.« Ich hab dann immer gedacht, na wenn ich den Mörder finde, fahr ich nach Wien und melde das von da. Na, jedenfalls danke, dass Sie bei meinen Shows waren. Wenn man Queen glaubt, muss die Show ja immer weitergehen, ne?

Schön wäre es. Aber, und verzeihen Sie den Übergang von albern zu ernst, unser sehr geschätzter Dr. Ludger Stratmann ist gestorben. Ein großer Verlust. Dr. Stratmann, oder, wie ich ihn nennen durfte: Ludger. Ludger war ein Freund. Nein: Er *ist* ein Freund. Er war mit dafür verantwortlich, dass ich zum WDR kam und *Sträters Männerhaushalt* machte. Ich verdanke ihm einiges, gute Ratschläge, die eine oder andere Filterzigarette, seine Hand auf meiner Schulter. Was er nicht alles war: Impresario von Stratmanns Theater in Essen, der – nix gegen Eckart von Hirschhausen – beste medizinische Kabarettist, Wohltäter, einfach ein guter Mann, und dass er nicht mehr da ist, ist einfach nicht richtig. Er war, nein, noch mal, er *ist* mein persönlicher Obi-Wan Kenobi, und wer sich mit dem ganzen Star-Wars-Kram auskennt, weiß, dass die

großen Jedis des Humors im Ruhrgebiet immer hierbleiben und weiterleuchten.

Der Doktor leuchtet und lächelt da draußen, neben Tana Schanzara und Diether Krebs und Fred Ape und Jürgen von Manger. Unsere Jedimeister des Humors hier im Ruhrgebiet.

Ich hab den Doktor das letzte Mal vor etwa einem Jahr getroffen, wie das so ist in dieser Branche, heute hier, morgen dort, und heute wünschte ich natürlich, wir hätten uns häufiger gesprochen. Egal wann, aber vielleicht zumindest dieses Jahr, von mir aus auch nur kurz, um sich wenigstens mal vernünftig zu bedanken, weil's jetzt nicht mehr geht. Ich wünschte, es wäre nicht so spät im Jahr.

Danke.

Teil 8

Extra 3: die Texte

Scholz II

September 2020

Liebe Bürgerinnen und Bürger,

ein herzliches MOIN darf ich Ihnen vom SPD-Kanzlerkandidaten Olaf Scholz entgegenschmettern!

Herr Scholz steht gerade zu Unrecht ein wenig in der Kritik. Lassen Sie uns, und mit *uns* meine ich *ich*, kurz darüber sprechen.

Frevler raunen, Herr Scholz habe im Zusammenhang mit irgendwelchen dubiosen Finanzmachenschaften einige Unklarheiten aufkommen lassen. Und würde das jetzt nicht aufklären wollen. Hierzu stellen wir fest: Sie wissen doch überhaupt nicht, worum's geht. Sicher, weil Herr Scholz Ihnen das nicht sagt – aber auch, weil Sie nicht wissen, worum's geht. Zum Beispiel um Cum-Ex-Geschäfte. Kurz erklärt.

Cum-Ex ist eine sehr einfache Praxis, um Gewinne zu erzielen, und zwar vom Finanzamt, weil die einem Mehrwertsteuer erstatten, die man vorher gar nicht bezahlt hat. Das ist, auf Ihre Realität runtergebrochen, als wenn Sie Laminat verlegt haben wollen, daraufhin erscheinen vierhundert Handwerker in Ihrer Bude, die rennen hektisch vom Esszimmer ins Klo, rufen BUH, kucken sich den Fußboden an, überreichen Ihnen 'ne Rechnung über fünfhundert Quadratmeter verlegtes Laminat, Sie zahlen, die Handwerker hauen ab, und Sie stellen in der nun wieder leeren Wohnung fest, dass nix verlegt worden ist und rufen: WAS IST DAS DENN FÜR 'NE SCHEISSE?

Und über all das weiß Herr Scholz im Prinzip nichts. Da kann man ihn noch zwanzigmal vor irgendwelche Ausschüsse laden. Ja, ja, er war mal bei diesem Mann von der Warburg-Bank oder andersrum, Herr Scholz weiß aber nicht mehr, worum's ging. Oder wie er dahin kam. Als er die Augen aufschlug, war da dieses getäfelte Zimmer, es roch nach Bohnenkaffee, ein Typ im schicken Anzug erzählte ihm was, Olaf Scholz sagte »Huch«, und der Rest ist weg. Kennt man. Wer von uns nicht auch schon aus seiner Bank trat und kurz darauf dachte »Was war das denn für 'ne seltsame Fußpflegerin?«, der werfe den ersten Stein.

Herr Scholz ist für maximale Transparenz! Aber wenn du dich an NULL erinnern kannst, ist auch Transparenz ein bisschen milchig. Olaf Scholz versucht ja, sich zu erinnern. Und jedes Mal, wenn er irgendwohin vorgeladen wird, klappt's ein bisschen besser. Er braucht einfach dieses entspannte Umfeld, das behutsame Nachhaken, das Loslassen. Und dieses liebevolle Umfeld sollte man ihm dann auch schaffen.

Okay, Herr Scholz hat diesen Banker noch mal getroffen, der die Cum-Ex-Geschäfte praktiziert hat, diesen Herrn Osteo ... Oleri ... na der so ähnlich heißt wie dieser Keks, außen schwarz, innen, hier: Creme. Na, und der Keksmann hat gesagt: »Ich zahl nix ans Finanzamt zurück!«

Da hat der Scholz gesagt: »Warum nicht?«

Keksmann: »Darum.«

Das ist jetzt ein Gedächtnisprotokoll, so ungefähr war das, und dann ist das Geld ja doch zurück ans Finanzamt, aber warum, wann und wozu, das weiß Herr Scholz nicht. Er ist Finanzminister, nicht Uri Geller. Lassen wir ab von Olaf Scholz.

Herr Scholz spürt bereits den warmen Mittelstrahl der Kanzlerschaft auf seiner Haut, da ist man dann eben ein bisschen verhuscht, was so kompliziertes Zeug angeht. Grad heute Morgen hat er getankt und versucht, mit seiner Wirecard zu zahlen. Dieser sympathische Schussel! Und da ist ihm auch wieder was eingefallen ...

... aber das erzählt er Ihnen ein anderes Mal.

Söder

August 2020

Liebe Frauen und Männer da draußen, Bürgerinnen und Bürger, Volk.

Grüß Gott zusammen, soll ich von Markus Söder entrichten, gerade auch in die Lari-Fari-Bundesländer, die nicht Bayern sind! Momentan wird die Herrlichkeit unseres geliebten Ministerpräsidenten ein wenig beschmutzt, und da fragt sich der Herr Söder: Warum dies?

Hat er nicht alles getan? Er hat das bayerische Raumfahrtprogramm BAVARIA ONE aus der Taufe gehoben, so der offizielle Name. Zur Diskussion standen auch Leberkäs Unlimited, Oans zwa gsuffa 4000 und EIN MÜNCHNER IM HIMMEL.

Herr Söder greift nach den Sternen!

Und ist Herr Söder nicht seit Tag eins der Krise Vorreiter in Sachen Covid-19? Hat er nicht zu Beginn der Corona-Krise nahezu acht minütlich eine Pressekonferenz gegeben, um auch noch jeden mental nicht so überreich gesegneten Hansel zu informieren, wo beim Pavian die Hupe hängt?

War nicht genau er es, der initiiert hat, Reiserückkehrer an Rastplätzen zu testen? JA!

Gut, da gibt's Ungereimtheiten. Jedenfalls sind etwa 40.000 Tests liegen geblieben, könnte man sagen. Und diese 40.000 beinhalten über neunhundert positive Befunde. Also laufen da draußen knapp neunhundert infektiöse Leute rum. Die versucht man jetzt zu benachrichtigen. Man möchte gern den Raststätten selbst die Schuld geben, einfach weil die immer in die Brötchentheke weisen und kackendreist behaupten: »Das ist alles von heute Morgen.« Aber das wäre falsch. Und es ist nur ein Patzer unter vielen Triumphen.

Denn wenn einer Kanzler werden sollte, dann Franz Josef Strauß, der tot ist, aber jederzeit im Rahmen einer Séance sagen würde: Der Söder machts! Weil er's kann!

Hat Herr Söder nicht Frau Merkel empfangen, wie es sich geziemt? Auf Schloss Ravenclaw, mit goldener Kutsche, gezogen von 2000 Albino-Hengsten, mit Dinner im Südflügel, zwölf Gängen, darunter narkotisierte Nachtigallen an Blattgold und Rouladen, eingewickelt in Seiten der Erstausgabe von Goethes Faust, serviert von vierhundert eineiigen Zwillingen, die wie der kleine Muck gekleidet waren, komplett mit Pumphose aus Sammet und Glöckchen an den Schnabelschuhen? Gewiss.

Und was hat Armin Laschet getan, als die Kanzlerin kam? Hat ihr untertage 'ne Frikadelle auf den Tapeziertisch gekloppt und gefragt: »Senf?«

Wird so jemand Kanzler? Ich denke: nein.

Herr Söder indes, der von den irisierend beschienenen Auen des Südens dicklodig aufs Land hinabblickt, dieser Herr Söder, der große, stille Mann, Star Commander Söder, Skelett aus Adamantium und Herz aus purem Gold, dieser bescheidene Mensch, der sollte Kanzler sein. Ich denke, er würde es tun. Wenn man ihn anfleht. Aber bis dahin wird er alles für den Freistaat und das Land tun, denn er ruht nie, grad zur Stunde baut er mit BAVARIA ONE an einer Raumfähre zum Mond, es ist fast vollbracht – alles was noch fehlt, sind Sitzplätze für neunhundert Leute.

Trump
April 2020

Ein lässiges Howdy vom amerikanischen Präsidenten-Imperator-Mäzen-Vorbildkönig Donald Trump! Aber auch ein herzliches Beileid. Dafür, dass Ihre Vorväter es nicht auf ein Schiff geschafft haben, um keinen Seeweg nach Indien zu finden, dafür aber die Ureinwohner mit den Pocken anzustecken. Schwamm drüber.

Momentan steht Donald Trump ein wenig in der Kritik; eine Handvoll Kleingeister wirft ihm vor, die Gefahren der Covid-19-Krise ein bisschen unterschätzt zu haben. Das ist natürlich nur das Gekeife der üblichen Lullis. Nämlich die ach so schlauen Fraggles wie Wissenschaftler oder Ärzte oder medizinisches Personal oder andere Politiker oder ... Leute. Diese Menschen hören nicht zu. Als Trump sagte, Ostern wären die Kirchen wieder voll, meinte er vor allem die Kühlhäuser.

Aber Trump sagte vor Kurzem auch, dass seine Corona-Briefings im amerikanischen Fernsehen höhere Quoten hätten als der Bachelor. Gut, viele schauen die nur, weil sie denken, es wäre der Bachelor, aber immerhin werden viele informiert. Der Präsident räumt durchaus ein: Man kann auf das Virus nicht schießen. Das ist sehr schade. Aber: Sie müssen Vertrauen haben. Trump möchte niemanden verunsichern, deswegen spielt er immer alle Fälle durch, den schlimmsten und den besten, oft in einem Satz. Denn wie sagte schon der andere große Präsident, George

Washington, nach dem sogar eine Stadt benannt wurde, nämlich Georgsmarienhütte: Im Wechselbad der Gefühle hängen kratzige Handtücher!

Und sagte nicht auch die Band Mr. President:

Put me up, put me down
Put my feet back on the ground
Put me up, take my heart
And make me happy.
Ayyaya coco jambo ayyayai.

Sie müssen bedenken: Wir sind das Land of the free. Alles, was hier läuft, funktioniert durch Eigeninitiative! Der Amerikaner lässt sich nicht gern reinreden. Und trotzdem ziehen alle mit! Die Leute bleiben in ihren Wohnungen. Speziell die ohne Krankenversicherung, die anderen aber auch. Jede Krankenschwester kann hier frei entscheiden, ob sie nach einer Schutzmaske fragt oder weiterarbeitet! Und Hamsterkäufe gibt's bei uns nicht: Wenn du in den Lauf einer AK 47 starrst, nimmst du genau eine Packung Mehl.

Wir werden das schaffen! Es fehlt an Material, es fehlt an Personal, an Einsicht, an Zeit, aber: Wladimir Putin hat dem Präsidenten eine Hilfslieferung zugesagt ... Möchten Sie den Satz noch mal hören?

Der Präsident würde es begrüßen, wenn Sie für unsere große Nation beten. Ich werde genau das tun. Ohne jede Ironie. Schwer zu sagen, wie es weitergeht. Es ist alles so bitter. Aber Donald Trump hat kein Interesse daran, dass in einem Jahr Will Smith in einem Ford Mustang über den leeren Times Square ballert, deswegen wird jetzt alles getan. Denn Trump will nicht nur seine Wähler nicht enttäuschen, er möchte auch, dass überhaupt welche übrig bleiben. Also: Daumen drücken, zusammenarbeiten! Ab sofort passiert genau das! Anpacken! Selbst die Mexikaner fangen schon an, von sich aus eine Mauer zu bauen, also bitte!

Laschet
April 2021

Liebe Bürgerinnen und Bürger dieses Landes,

ich darf Ihnen ein gerüttelt Maß nachösterlicher Grüße von Armin Laschet übersenden! Er war ja übers Wochenende in seinem breitcord-bezogenen Thinktank, um über die Corona-Krise zu meditieren, und jetzt schlägt ihm eine steife Welle Unverständnis entgegen. Jedoch: Warum dies? Woran wird sich gerieben? Am Wort »Brücken-Lockdown«?

Zwischen komplexen Fachbegriffen wie Inzidenz, R-Wert und Infektions-Flux-Kompensator müssen doch jetzt mal positiv besetzte Begriffe her! Lösungen! Also: Brücken-Lockdown! Das ist die konsequente Weiterentwicklung bewährter Konzepte wie *Friseur auf – Friseur zu – Friseur auf – FFP2 -Malle ja – Hamburg nein – Wattestab in Schülernase und Wäschespinnenkauf nur durch Albinos mit Flechtfrisur und amtlichem Schnelltest.* Ansonsten wie gehabt: Baumärkte nur mit Anmeldung durch berittenen Kosaken, Gastronomie an der frischen Luft zu, Sonnenstudios auf, Homeoffice für Baggerfahrer, Kirmes nur per Zoom, und geimpft wird entweder sofort oder später, also beim Hausarzt oder im Impfzentrum, je nachdem, ob Sie alt sind oder jung oder mittendrin und trotzdem zu doof, die ganzen Anträge auszufüllen. Zur Verfügung stehen AstraZeneca, Moderna, ein Placebo, Ahoi-Brause oder nix, je nachdem, und Leute ohne Arme haben schlechte Karten. Alles richtig. Aber jetzt: BRÜCKEN-LOCKDOWN. Das sagt der Herr Laschet mal in aller Klarheit. Eine Brücke ist doch was Gutes. Sie führt über ein Hindernis hinweg. Sie überbrückt! Besser noch: REGENBOGEN-LOCKDOWN. Das ist es. Denn am Ende des Regenbogens wartet ein Topf voll Gold. Klar: Wenn man so einen überqueren will, fällt man aufgrund der Feinstofflichkeit des Regenbogens verhältnismäßig schnell auf die Fresse, aber es klingt so schön.

Zumindest besser als HARTER LOCKDOWN. Klingt wie eine Geschlechtskrankheit. Klar, ein harter Lockdown wäre das Beste, schon weil er zu hundert Prozent von den Bürgern getragen wird. Die sind ja auch schuld. Laufen draußen rum und atmen sich an. Aber Brücken-Lockdown ist irgendwie hübscher. Und passt besser. Schon weil eine Brücke an beiden Enden gleich aussieht. Es ist jetzt keine Zeit für harte Sprache! Es muss soft sein. Und wenn das einer auf dem Kasten hat, dann NRW-Ministerpräsident Armande Laschee, dieses stramme Stehauf-Männchen, das über Ostern eine Vision entwarf, die da schon ein Jahr auf dem Buckel hatte, aber sei's drum. Nennen Sie es, wie Sie wollen: harter Lockdown. Brücken-Lockdown. Oder Butterblumen-Husch-ins-Gebäude-Event. Oder Sommermärchen 4.0. Oder Reise nach Jerusalem, nur eben zu Hause und ohne deren Impfquote: egal. Hauptsache kommt.

Ich geh inzwischen.

Johnson
November 2021

Liebe EU-Bürgerinnen und Bürger,

ich darf Ihnen von Boris Johnson ein schwammiges WINKE-WINKE ausrichten. Gleichzeitig lässt er jedoch auch fragen: Woher die Häme? Es sind seit dem Brexit nunmehr elf Monate verstrichen, und das britische Empire hat sich seither geradezu vorbildlich von den benachbarten Pöbelstaaten mit ihrer kunterbunten Kirmeswährung abgenabelt. Was für ein Triumph! War Großbritannien für viele bisher nicht viel mehr als eine Miss-Marple-Kulisse mit ziemlich strammer Kantenlänge, haben wir es nun mit einem Königreich zu tun, das über sich hinauswachsen müssen darf. Der Dank gilt Boris Johnson. Unserem Premier-Minister. Viele fragen sich, heißt Premier nicht mittlerweile Sky? Ja! Und Sky ist the limit. Wir haben hier in Großbritannien Innovationen durchgepeitscht, die man anderswo vergebens sucht!

Beispiel: Der *Freedom Day*. Vor hundert Tagen haben wir die Corona-Pandemie beendet. Also einseitig. Ohne Rücksprache mit dem Virus. Denn es ist klein. Es gemahnt an einen Krümel.

Noch kleiner gar. Und wie kann ein Virus, das im Prinzip nichts weiter ist als eine Fluse im Bauchnabel des Universums, so jemanden in die Knie zwingen wie DEN BRITEN, die härteste Lebensform überhaupt, den Übermenschen, fahl, mit Pomadenhelm und oft zu kurzen Hosen, ein Titan, der über alles, was nicht mehr zuckt, lachend Pfefferminzsoße kippt? Gar nicht. Bumms. Pandemie vorbei. Keine Abstände, keine Masken, keine Kontrolle.

Das ist es, was Freiheit meint! Und nun haben wir eine Inzidenz von gerade mal fünfhundert.

Und wir sind 67 Millionen Briten! Wenn Sie 67 Millionen durch fünfhundert teilen ... ham Sie was zu tun.

Okay. Das war ein Fehler, räumt Mister Johnson ein. Es war vor allem ein Freedom Day fürs Virus. Eine Herausforderung. Gewiss. Aber, auf der Habenseite: Fast ein Jahr Brexit! Eine Erfolgsgeschichte. Das Volk hat gewählt, und damit haben wir uns von ausländischen Invasoren wie Gastarbeitern, Touristen und internationalen Firmen abgekapselt. Da war Schluss mit den Billiglohn-Morloks vom Festland. Die Briten selbst wollen die guten Jobs für gutes Geld. Im Moment bräuchten wir allerdings grad 'n paar Leutchen, die uns den einen oder anderen Lkw fahren. Und das wollen jetzt unsere eigenen Busfahrer machen. Die Busfahrer-Jobs machen dafür jetzt die Leute, die vorher im Akkord die Teebeutel zugetackert haben. Deren Job wird übernommen von den Menschen, die vorher 'ne Tankstelle hatten, weil sich das gerade nicht so gut entwickelt irgendwie, und in die Tankstellen gehen die Menschen, die in diese Wackelpuppen der Queen den winkenden Arm reinmontiert haben, und in deren frei gewordene Positionen gleiten Zahnärzte, und den Job der Zahnärzte übernehmen dafür die ganzen Bäcker für Teegebäck, denn ob du dir mit 'ner Zange oder 'nem Keks die Schneidezähne entfernst, ist unterm Strich eher unwichtig, und deren Bäcker-Tätigkeit übernehmen die gepuderten Perücken aus dem Parlament, und ins Parlament rücken die Herrschaften, die vorher Bilder von Gemüse ins Supermarkt-

Regal geräumt haben, also die ganzen Porree-Pin-ups zum Anglotzen, weil kein echtes Gemüse da ist, und die Rolle von Gemüse übernimmt dann Boris Johnson, indem er an Halloween seinen knallroten Schädel aus dem Fenster hält und »Buh« ruft, wenn Kinder vorbeikommen. Sie sehen: Es ist für alles gesorgt.

Boris Johnson hat die Lage voll im Griff. Die Wirtschaft wird sich erholen, Großbritannien wird sich neu erfinden, und Boris Johnson wird persönlich für alle Briten, die nicht wegen Konsumgüterknappheit nach Nordkorea geflüchtet sind, weiterhin diese eine Lichtgestalt bleiben, die er immer war. Der einzige Fels in der Brandung, ohne den es gar keine Brandung gäbe, und es ist reichlich Brandung, und gar nicht mal so viel Fels, aber Boris Johnson tut, was er kann. Im Rahmen seiner Möglichkeiten. Denn ja: Es ruckelt im Moment ein bisschen, aber Sie sind jederzeit willkommen, liebe Leute aus EU-Knebelhausen, und wenn Sie kommen, bringen Sie bitte 'ne Nordmanntanne mit. Danke.

Frohes Fest.

Teil 9

Kamma-nomma-kucken

Mir war immer klar: Wenn ich es jemals schaffe, mehr als drei Zuhörer um mich zu versammeln, dann werde ich um mein Leben labern und, genauso klar: Ich werde den Leuten Filmtipps geben.

Unverlangt, klar, krude, einfach meine persönliche Sicht auf die besten Filme der Welt. Oder die miesesten, gibt's ja auch. MORBIUS zum Beispiel. Gesehen? Ich bin ein bisschen empfindlich bei Filmen, in denen Fledermäuse vorkommen, und MORBIUS ist einer von den Streifen, die mich richtig angeödet haben. Ich mag Jared Leto ganz gern, aber Jesus, ist dieser Film ein Humbug. *Dracula* für TikTok-Nutzer. Alle Endkämpfe sehen gleich aus: Alles in freiem Fall, Explosion, Schlag in die Fresse, mit dem Pansen ein Loch in den Fußboden stanzen, Gebäude stürzt ein, fliegen, springen, Explosion, Knurr Knurr! War so bei *Venom*, *Venom 2*, *Morbius* ... ich warte jetzt mal auf den Endkampf bei der Neuverfilmung von *Pinocchio*, wenn der Holzbursche dem fleischigen Fuchs das Fressbrett poliert, also: falls. Im Moment weiß keiner was. Was wollte ich eigentlich sagen?

Meine Sicht auf Filme ist so subjektiv, dass es quietscht. Und dass für *Sträter* die Produktionsmenschen immer wieder diese seltsamen Nacherzählungen meiner Lieblingsfilme durchwinken, ist mit das Lustigste für mich. Natürlich hatte ich da im Vorfeld der Aufzeichnungen sanfte Nachfragen auf dem Tisch.

»Torsten, gibt es irgendeinen für die Menschheit nachvollziehbaren Grund, warum du in einer Sendung mit Live-

Gästen darauf bestehst, langwierigst den Plot von *Fantomas* nachzuerzählen?«

Ich antworte dann immer mit einem heiser geraunten »Rosebud.«

Also, der Vollständigkeit halber: Hier alles aus KAMMANOMMAKUCKEN. Auch die Texte, die rausgeschnitten wurden, weil die Sendung zu lang war. Banausen.

Batman hält die Welt in Atem

Gedreht wurde dieser wundervolle Film 1966, in meinem Geburtsjahr. Ich sah ihn allerdings erst, als ich acht Jahre alt war, im Kino. Was habe ich seinerzeit diesen Film geliebt! Nicht direkt verstanden, aber geliebt. Männer in großartigen Kostümen, ein Wahnsinnsauto, Gefahr, Action, flotte Sprüche. Seitdem bin ich Batman-Fan.

Ich hab ihn neulich noch mal geschaut. Ja. Gut. Adam West als Batman trägt eine Satin-Unterhose über dem Kostüm, hat insgesamt null Muskeln und spielt seine Rolle mit heiligem Ernst. Sein Mündel, Kompagnon und Praktikant und was weiß ich noch alles heißt Robin, ist zwischen elf und siebzehn und redet den ganzen Film über absoluten Stuss. Und alle anderen auch! Auch heute ist die Handlung nicht gut wiederzugeben. Zum Einsatz kommen unter anderem eine medizinballgroße Bombe mit fünf Zentimeter kurzer Lunte, die gefühlte drei Tage lang brennt; das schönste Batmobil überhaupt; der Schurke Joker, dessen Darsteller es überhaupt nicht eingesehen hat, sich für die Rolle den Schnäuzer abzurasieren, und deswegen 'n Streifen Klebeband über der Lippe hat; außerdem viele andere Bösewichte, der Bathubschrauber, das Bat-Anti-Hai-Spray, und allgemein um sich greifender Irrsinn. Wenn der schwerreiche Bruce Wayne, so heißt Batman in seiner Freizeit, einen Anruf vom Commissioner erhält, krempelt er sich den Pulli hoch, ruft Robin, greift dann bis zur Schulter ins volle Aquarium, entriegelt so eine geheime Tür, und dann rutschen sie an Stangen ins Tiefgeschoss, die sogenannte Bat-Höhle. Als sie oben an die Stange packten, trugen sie noch Bundfaltenhose und Pullover, unten kamen sie aber fertig kostümiert an. Wie das geht, weiß kein Mensch. Ich fand's toll! Das ging nicht allen so. Kritik des *Evangelischen Filmbeobachters:* »Eine Zumutung sogar für die Aufnahmebereitschaft der Kinder. In der jetzigen Form ist er wegen seiner Primitivität abzulehnen.«

Ich bin jetzt über fünfzig. Ich liebe den Film immer noch. Abgöttisch. Also Tipp! Wenn das so weitergeht mit dem eremitenhaften Lockdown-Zeugs, warten, bis es regnet, mit den Kindern aufs Sofa und: BATMAN HÄLT DIE WELT IN ATEM. Danach waschen sie sich und den Blagen Ohren und Augen aus und husch ins Bett. Dieser Film kann alles, auch Dinge, die nicht nötig wären. Vor allem aber kommt einem die Welt nach diesen hundert Minuten Technicolor-Schwachsinn wieder absolut normal vor. Und das ist ja auch was.

Fantomas. Von 1964

Fantomas müssen Sie bald erstmals oder erneut sehen. Der ist von 1964, also etwa zwei Jahre vor dem Zeitpunkt, zu dem meine Eltern übereinkamen, hier mal massiv in Co-Produktion ... äh ... mich quasi rauszuballern, so der medizinische Fachausdruck, und eine etwas ungelenke Erklärung; ich wollte damit sagen: Der Film ist älter als ich.

Worum geht's?

Gute Frage. Paris befindet sich im Würgegriff des Superverbrechers Fantomas. Der trägt immer eine Maske aus grünem, grauem oder blauem Gummi, schwer zu sagen, unser TELEFUNKEN-Fernseher war nicht in Ordnung, und um Paris und im Prinzip auch die Menschheit komplett vor die Pumpe laufen zu lassen, verfügt Fantomas auch über weitere Insignien eines Oberbösen: schwarze Anzüge mit Rolli, Lederhandschuhe, doofe Gehilfen und ein Versteck mit Fahrstuhl, Kirchenorgel, Minibar im Globus, einen unterirdischen Garten und eine Ledersitzgruppe in beige. Ich hab mir das auch sofort bei uns in der Waschküche eingerichtet! War völlig identisch. Das Einzige, was fehlte, war: der Fahrstuhl, die Kirchen-Orgel, die Minibar im Globus, der unterirdische Garten und die Ledersitzgruppe in beige. Dafür hing überall Buntwäsche. Na ja.

Fantomas war der Meister der tausend Masken und nahm die Identitäten an, wie es ihm beliebte. Als Zehnjähriger bin ich nie wirklich durchgestiegen, worum es konkret ging, war aber immer sehr aufgeregt. Da waren die Protagonisten des Films besser dran. Irgendwer stieg über kurz oder lang immer dahinter, wer hier wieder als sonst wer maskiert ein Verbrechen begangen hatte und brüllte schockiert: »FANTOMAS!«

Das habe ich daraufhin komplett für mein Leben übernommen.

Zeugnisvergabe. Meine Mutter: »Eine Fünf in Mathe?«

Ich: »Fantomas!«

Vorstellungsgespräch: »Wieso klafft da eine zweijährige Lücke zwischen Bundeswehr und Schneiderausbildung?«

»Fantomas!«

»Sie sind auf der A40 mit 128 km/h gefahren, wo 60 km/h angezeigt waren. Bitte äußern Sie sich zum Sachverhalt.«

Genau.

Rein quantitativ hieß der Hauptdarsteller von Fantomas Jean Marais, ein ehemaliger Stuntman, der nicht nur den Reporter Fandor, sondern auch Fantomas darstellte. Wegen seiner Stuntman-Vergangenheit seilt er sich deswegen als Reporter auch von Hubschraubern ab, kloppt sich, hüpft von fahrenden Zügen und fährt Moped wie ein Beschmierter. Und trotzdem wird er von Louis de Funès an die Wand gespielt. De Funès, bis in die Achtziger hinein der vielleicht größte Komiker Europas, gibt den völlig inkompetenten Kommissar Juve, wertet Fantomas zusätzlich auf und wird selbst zum Weltstar.

Meine Lieblingsszene bleibt allerdings die in der Maskenaufbewahrungskammer von Fantomas. Da Fantomas Masken ohne Ende benötigt, hat er die natürlich auf Halde. Leider konnte man jetzt nicht ohne Ende lebensechte Latexschaummasken von Hinz und Kunz anfertigen, also mussten als Maskenersatz die Köpfe der echten Darsteller herhalten. Und denen muss wohl gesagt worden sein: »Leute, wir drehen jetzt die Maskenaufbewahrungskammer-Szene. Ich möchte jetzt alle hier bitten, unter die Möbel zu krabbeln, den Schädel durch das Loch in der Tischplatte zu stecken und so zu tun, als wären sie aus Gummi. Augen zu. Fresse halten. Danke.«

Funfact: Im damaligen Kino-Trailer, oder wie wir damals sagten, der »Vorschau«, denn ein Trailer ist 'n Wohnwagen, jedenfalls: In der extrem reißerischen Vorschau von 1964 gibt es alles zu sehen – nur nicht Fantomas. Das hat man sich nicht mal beim weißen Hai getraut.

Also, toller Film. Kammanommakucken.

Fantomas!

Karate Kid, 1984

Was hab ich diesen Film geliebt. Vierundachtzig war aber auch so ein krasses Jahr. In den Charts waren Hits wie *Footlose* von Kenny Loggins, obwohl ich zuerst sagen wollte »Kenn ich, Leggins«, einfach nix liegen lassen an blöden Witzen, und natürlich *NeverEnding Story* von Limahl, der tagsüber bestimmt völlig normal aussah, aber abends bei Scheinwerferlicht: zack, Wer-Sittich. Nachts streift er umher, zwitschizwotschi, und reißt Hirsestangen. Was rede ich: Ich sah nicht besser aus, neunfarbige Frisur, angezogen wie eine Wanderkirmes, Nieten, Streifen, zwei Dosen Haarspray auf dem Wirsing, bunt wie Hölle. Ich sah aus, als hätte man eine Handvoll Schrauben in einen Obstsalat geworfen. Und ich war dünn, und das bringt uns zu *Karate Kid*, Teil 1. Das Original. Mit Ralph Macchio als Daniel LaRusso und Pat Morita als Mister Miyagi. Es gab drei Nachfolger und eine Neuverfilmung, die können Sie aber direkt vergessen. Mit dem ersten Film ist die Geschichte für mich auserzählt, und in der Neuverfilmung macht Karate Kid auf einmal Kung Fu, der Film heißt aber trotzdem *Karate Kid*. Und es wird ordentlich zugelangt, deswegen in der Hauptrolle: der Sohn von Will Smith.

Zurück zum Original. Handlung: Der junge Daniel zieht mit seiner Mutter nach Kalifornien. Daniel hat einen Muskeltonus wie der Pansen aus der Multi-Sanostol-Werbung und wird deswegen am neuen College von den üblichen stumpfen Sportler-Lelleks bis zum Erbrechen drangsaliert. Weil er anscheinend findet, dass noch nicht ausreichend Randale im Karton ist, verliebt er sich zusätzlich aus dem Stand in die Ex-Perle vom örtlichen Ober-Karate-Flachwichser. Findet der suboptimal und tanzt das Danny auch entsprechend vor. Aber dann – Land in Sicht. Daniel freundet sich mit dem Hausmeister seiner Wohnanlage an. Also da, wo er wohnt, nicht seiner im Sinne von *seiner*, die hat er jetzt nicht mal eben gekauft, so nach dem Motto: Liebe vergeht, Grundbuch besteht. Egal. Siehe da: Mister Miyagi entpuppt sich als Karatemeister der alten Schule, der unseren Helden Daniel fortan Daniel-SAN nennt, ob wegen japanisch oder als Abkürzung für SANOSTOL – keine Ahnung. Außerdem sagt er immer HAI, und die ersten Male dachte ich »zu trocken«, aber Hai ist japanisch für »Ja«, jedenfalls bringt Mr. Miyagi ihm Karate bei. Irritierenderweise unterweist Mr. Miyagi Daniel in Karate, indem er ihn Zäune anstreichen und das Auto polieren lässt und so, was in mir damals schon den Verdacht aufkommen ließ, ich hätte vielleicht durch das dauernde Schleppen von Muttis REWE-Tüten den achten Dan in Judo oder so und hab's nur nicht gemerkt. Von da geht's schnurstracks zur örtlichen Karate-Meisterschaft, um das hier mal abzukürzen, und im Endkampf gegen den Ex-Freund-Karate-Eumel-Doofmann. Die Bösen im Film erkennt man übrigens daran, dass sie alle die Arme voller Cobren haben, ärmellose Karate-Brocken tragen und sich grundsätzlich, auch untereinander, wie die allerletzten Heckenpenner benehmen. Kurz und gut: Daniel bekämpft den Schurken, er hat ja durch die ganze Maloche alle Bewegungsabläufe drauf, und ich dachte im Kino echt, dass jetzt folgender Dialog kommen muss:

Mr. Miyagi: »Daniel-San, du jetzt zeigen, was gelernt.«

Daniel: »Gut, ich brauch dann jetzt die Autopolitur.«

Mr. Miyagi: »Du kämpfen ohne Politur, Pinsel, Schrubber, schnelldeckender Allwetterlasur, Spüli und Laubsauger.

Konzentriere dich, Daniel-San, schließ die Augen, sei eins mit Körper und Geist, und dann tritt ihm in die Fresse.«

So kommt's dann auch. Also nicht der Dialog, aber der Rest. Daniel kriegt das Mädchen, Mr. Miyagi fasst dem Oberausbilder-Klingonen an die Nase und sagt »HUP«, und alle sind zufrieden. Ich zum Beispiel.

Anmerkung: Heutzutage gibt's eine Serie namens *Cobra Kai*, und bis auf Pat Morita, der leider tot ist, sind alle wieder dabei. Daniel ist nun Ende fünfzig und hat ein Autohaus. Mehr verrat ich nicht. Kuck-Empfehlung, aber alles zwischen *Karate Kid* von 1984 und *Cobra Kai* ignorieren.

Shining

Ich bin ja ein großer Stephen-King-Fan. Auf Krawall gebürstete Bernhardiner, Zirkuspersonal im Gully, psychotische Autos, das ganze gruselige Zeug. Ich hab damals zuerst das Buch *Shining* von Stephen King gelesen.

Worum geht's?

Romanautor Jack Torrance nimmt den Job eines Wintersaison-Hausmeisters an und zieht mit seiner Ehefrau Wendy und Sohn Danny temporär in ein sehr großes, sehr verwinkeltes, sehr abgelegenes und sehr menschenleeres Luxushotel. Das befindet sich pittoresk gelegen auf einem Berg in Colorado und nennt sich »Overlook«, weil man von oben alles sehr gut overlooked.

Jack will die Ruhe und Abgeschiedenheit nutzen, um seinen Roman zu schreiben. Gut, die Tatsache, dass sein Hausmeister-Vorgänger seine gesamte Familie mit einer Axt ausgelöscht hat, drückt die Stimmung ein bisschen, aber geht.

Danny, der kleine Junge, ist übrigens hellsichtig und hat einen imaginären Kollegen, der ihn mit allerlei beunruhigenden Vorhersagen versorgt. Und dann kippt das ganze Ding. Auf den nächsten 5000 Seiten des sehr spannenden Buchs manifestiert sich bei allen Beteiligten dann allmählich der Gedanke, dass das mit dem Job nur eine mittelgute Idee war. Die Heckentiere lassen sich nicht vernünftig schneiden, es ist kein Alkohol im Haus, Buch geht auch nicht voran, da ist eine ungepflegte notgeile Frau in Zimmer 237 … und dann kippt die Stimmung richtig. Gutes Buch.

Doch nun zum Film. Er entstand 1980, und zwar unter der

Regie der rätselhaftesten Gottheit aller Filmstudenten jemals, Stanley Kubrick. Ich sah ihn (also *Shining*, nicht Kubrick) erstmals mit 'ner Tüte Flips auf meinem Futon, also einem japanischen Bett-Sofa-Hybriden mit dem Liegekomfort eines Altglascontainers, echt, Härtegrad zwölf, da kann man auch Scharniere an 'ne Arbeitsplatte machen, egal indes, und zwar auf VHS.

Der Film weicht brutal von der Buchvorlage ab, was Stephen King überhaupt nicht lustig fand.

Als Jack Torrance, im Buch ein ganz normaler Biedermann, besetzte man Jack Nicholson, einen meiner Lieblingsschauspieler, aber hier wirkt er von Sekunde eins an wie ein komplett Irrer. Schon wie der direkt am Anfang hinterm Steuer sitzt, denkt man, der brüllt jetzt: »KUCK MA! Lkw!« und knüppelt in den Gegenverkehr. ENDE. 3:40 Min.

Dazu die Musik. JESUS IM HIMMEL! Da gefriert einem das Kondenswasser in der Kimme. Das ist wie mit der Musik von *Jurassic Park*. Die macht alles majestätisch.

Wie man hört, hatten alle großen Spaß bei den Dreharbeiten, weil manche Szenen bis zu 127-Mal wiederholt wurden, was wie eine Übertreibung klingt, aber keine ist. Kubrick war ganz sicher Perfektionist, möglicherweise aber zusätzlich eine ziemliche Arschgeige, und der Film macht einen fertig. Ein Meisterwerk, auch vom Designer des entsetzlichen Teppichmusters, und spätestens, wenn sich die Fahrstuhltüren in Zeitlupe öffnen und die Lobby mit Blut geflutet wird, ruft man: Im Leben hat der Bums keine 5 Sterne! Albtraumhaft.

Viele Filmwissenschaftler haben sich an der tieferen Bedeutung des Films einen abgebrochen, aber ich sage: Ist 'ne

Stephen-King-Verfilmung. Eine, die nix mit King zu tun hat, sondern mit Kubrick, und die einzige Botschaft, die der Film enthält, lautet vielleicht: Finger weg vom Alkohol. Oder: Du willst zum Frühstücksraum? Schnapp dir 'n Kanu. Keine Ahnung. Aber kammanommakucken.

Stirb langsam

Als der Film 1988 ins Kino kam, bin ich allein schon wegen des Titels reingegangen. STIRB LANGSAM. Erstrebenswertes Konzept. Guter Titel. Was hätte man nicht alles für Filme nach diesem Schema betiteln können: Titanic: STIRB NASS. Oder Dracula. STIRB GAR NICHT, ABER WENN, DANN TAGSÜBER. Nicht so gut als Titel übrigens: James Bond: *Stirb an einem anderen Tag*. Der Titel klingt seltsam. Irgendwie unvollständig, so als müsste es heißen »Stirb an einem anderen Tag als Mittwoch«. Hat außerdem auch nicht so gut geklappt im letzten Bond.

Wo war ich? Guter Titel. Worum geht's? Der damals nur aus dem TV bekannte Bruce Willis spielt John McClane, einen New Yorker Polizisten.

Also, worum geht's? Willis versucht sich mit seiner Frau zu versöhnen und fliegt dafür Holzklasse nach L. A. Treffpunkt: neuer Arbeitsplatz der Gattin, NAKATOMI PLAZA, Hochhaus, Japaner. Und außerdem, wie McClane feststellen muss: Terroristen. Und was für Spinner. Den Rest des Films versucht McClane, langsam zu sterben, stellenweise, wenn's geht, sogar überhaupt nicht, die anderen aber schon. Während die Terroristen, angeführt vom zu schnell verstorbenen Professor-Snape-Darsteller Alan Rickmann als Gruber, einen zwölfschichtigen Nebelkerzen-Raub-Terror-Plan in die Tat umsetzen möchten, wuselt Willis in seinem besten Feiertags-Feinripp-Leibchen von Etage zu Etage, stibitzt sich Waffen zusammen und zieht dann irgendwann die Schuhe aus, damit er in Scherben treten kann. Das letzte Drittel dann mit blutigen Füßen, es gibt auf die Zwölf wie selten, dazwischen wunderschöne Landschaftsaufnahmen von Lüftungsschächten. Dann Ableben von Gruber, Vollabsturz, Gattin in die Arme schließen, Doornkaat, Duschen, Druckverband.

Dieser Film begründete die Laufbahn von Bruce Willis. Er spielte danach in mehr als neunzig Filmen mit, und die letzten waren ziemlicher Käse, aber wenn er sein Geld dafür bekommen hat, ist es ja gut. Nun beendet Bruce Willis seine Karriere. Grund hierfür ist, dass er an einer Krankheit namens Aphasie, einer schweren Sprachstörung, leidet. Bruce Willis wird für mich immer eine Art Idol bleiben. Ich hoffe sehr, dass er ein zufriedener Mensch bleibt, der coole Glatzkopf für alle Fälle, und egal, wie oft man ihn auf *Stirb langsam* reduziert: Er wird für uns Kino-Freaks unsterblich werden. Ist er schon.

Also: Kammanommakucken.

Auf dem Highway ist die Hölle los

Ich möchte Ihnen einen Film ins Gedächtnis rufen, der ein wenig in Vergessenheit geraten ist. Schade. Handelt es sich bei dem Film doch um eines jener Werke, das die Träume, Hoffnungen und Wünsche, aber auch die Angst, Wut und die Orientierungslosigkeit einer ganzen Generation eingefangen hat. Quatsch.

Es geht um *Auf dem Highway ist die Hölle los* von 1981.

Der Originaltitel lautet *The Cannonball Run*, obwohl »On the Highway is the Hell los« auch international der bessere Titel gewesen wäre.

Die Handlung ist schnell erklärt: Eine Vielzahl, sagen wir mal: exzentrischer Wettbewerber nimmt an einem illegalen Straßenrennen quer durch die USA teil und tut alles, um es zu gewinnen. Punkt. Mehr ist da nicht. Das wars. »Null Handlung!« oder »Zero azione!«, wie der Italiener sagt. Muss auch nicht.

Machen wir uns nichts vor – selbst die Speisekarte von »Curry Heini« in Waltrop hat mehr Konflikt, Drama und Tiefe als dieser Film. Dass er aber dennoch funktioniert, hat mindestens zwei Gründe: Burt Reynolds und Regisseur und Kumpel Hal Needham. Hal Needham klingt, als brauche der böse Computer aus *2001: Odyssee im Weltraum* dringend Schinken, aber das ist ein mittelmäßiges Wortspiel, das kaum einer checkt – weiter.

Regisseur Hal Needham war vor allem Burt Reynolds'

Stuntman, hielt also für ihn immer die Rübe hin. Und das auch diesmal, denn *Auf dem Highway ist die Hölle los* platzt vor hirnrissigen Stunts aus allen Nähten.

Sei es, dass ein Geschäftsmann auf dem Motorrad sitzt, einem Angestellten einige Anweisungen gibt, und dann mit ebenjenem Motorrad aus einem Flugzeug springt, oder dass Burt Reynolds in der Innenstadt irgendeines Kaffs sein Flugzeug landet, um Bier zu holen, oder Autos rasen in Pools, oder in Hotellobbys … so was.

Die ganze Zeit. Mittendrin: der junge Jacky Chan, Sammy Davis Jr. und Dean Martin als versoffene Priester, Roger Moore als eine Art James Bond, Captain Chaos, Farah Fawcett Major und jede Menge absolut bescheuerter Humor.

Dass der Film gerade auch in Deutschland so ein Erfolg wurde, war sicherlich auch der Verdienst der deutschen Synchronisation. Die kam aus der Feder von Rainer Brandt, der ja bereits die mittelmäßige Serie *Die 2* mit Tony Curtis und Roger Moore mit seinem Dialogwitz veredelte. Sie wissen schon: »Sleep well in your Bettgestell« und dergleichen.

Und deshalb finden wir in der deutschen Version solch unvergessene Dialogmeilensteine wie: »Na Mädel, heute schon gemännert?«

»Nein, mir geht es aber trotzdem gut.«

Richtig kacke.

Auf dem Highway ist die Hölle los ist ganz klar ein Kind seiner Zeit: Die Polizei ist dösig, das Frauenbild mehr als fragwürdig und die Darstellung von Asiaten und Arabern klischeehaft, obwohl der Film mit chinesischem und arabischem Geld co-finanziert wurde. Macht trotzdem Laune.

Irgendwann empfehle ich bestimmt auch mal einen deutschen Autorenfilm, Mecklenburgische Seenplatte, lange

Einstellungen, irgendwas mit Selbstzweifeln, Sätzen wie »Du musst bei dir selbst ankommen, Gernot« und atonalem Akademiker-Piano, aber diesmal, mea culpa: *Auf dem Highway ist die Hölle los.* Kammanommakucken.

Highlander – Es kann nur einen geben

Russell Mulcahy ist ein Regisseur aus Australien, der am Anfang seiner Karriere Videoclips für Elton John, Queen und Bonnie Tyler inszeniert hat. Oder seinen wunderschönen ersten Film *Razorback*, wo ein Riesenwildschwein im australischen Outback wütet. Quasi wie der *Weiße Hai*, nur an Land. Klar.

Und danach dann den fantastischen *Highlander*. 1986. Mit Christopher Lambert und Sean Connery.

Kurz zur Handlung: Im mittelalterlichen Schottland wird ein Krieger des MacLeod-Clans während einer Schlacht mit den Nachbarn von einem Schwert aufgespießt. Ende.

Quark. Er überlebt die an sich tödliche Verletzung. Connor MacLeod, so heißt der Kollege, findet diesen Umstand anfangs zwar auch ein bisschen irritierend, aber grundsätzlich gut. Beim Rest vom Clan herrscht allerdings Redebedarf. Für sie ist Connor ganz klar mit dem Teufel im Bunde und wird daher verstoßen.

Connor lebt fortan isoliert in der hintersten Ecke der Highlands, bis eines Tages der spanische Nobelmann Ramirez vor seiner Tür steht. Der hat gleich mehrere gute, aber auch ein paar schlechte Nachrichten im Gepäck.

Eine von den Guten: Connor ist unsterblich. Messer im Rücken, Kugel im Kopf, eingewachsener Zehennagel ... *Nohayproblema*, wie der Spanier sagt.

Die Schlechte: Kopf ab – doch tot.

Wieder gute Nachricht – es gibt mehrere seiner Sorte. Die wiederum schlechte Nachricht: Es kann nur einen geben. Auch wenn's mehrere gibt. Klar, oder?

Gut ist wieder, dass Ramirez – übrigens ebenfalls unsterblich – sein Mentor wird und ihn in die hohe Kunst des japanischen Schwertkampfs einweiht. Und das ist auch bitter nötig, denn am Ende geht's bei dem Duell mit der gleichermaßen unsterblichen Arschnase Kurgan sprichwörtlich um Kopf und Kragen.

Alles toll in Szene gesetzt, und der durchweg stimmungsvolle Soundtrack von Michael Kamen wird durch die Queen-Songs *A Kind of Magic*, Princes of the Universe und natürlich *Who Wants to Live Forever* veredelt.

Das einzig Seltsame an *Highlander* ist bis heute die Besetzung. Ich will nicht meckern. Aber einen mittelalterlichen schottischen Krieger namens Connor MacLeod mit einem französischen Schauspieler zu besetzen, der kaum Englisch spricht und daher auch nicht den schottischen Akzent beherrscht, ist schon etwas eigenwillig.

Doch es kommt noch besser. Denn für die Rolle des spanischen Nobelmannes und Mentors verpflichtete man dann einen Schotten, der nicht nur erstklassiges Englisch spricht und den schottischen Akzent beherrscht wie kein Zweiter, sondern auch beim Spanisch abkackt und nicht mal den Akzent hinbekommt. Muss man drauf kommen, ist aber cool. Und in der deutschen Synchronisation spielt das alles natürlich keine Rolle.

Highlander war ein großer Erfolg und zog diverse Fortsetzungen, eine TV-Serie, Videospiele und eine Animationsserie nach sich: alles ziemlicher Käse. Doch der originale *Highlander*, dieser große, spannende, romantische Film mit dem spanischen Schotten und dem schottischen Franzosen und der Musik von Queen ist ein Meisterwerk. Es kann also tatsächlich nur einen geben. Besser wäre es zumindest.

Kammanommakucken.

Poltergeist

1982 brauchte ich noch erstaunlich wenig, um mich zu gruseln. In Filmen und im Fernsehen sowieso: Da hab ich mir schon bei »Aktenzeichen XY ... ungelöst« in die Buxe gemacht, wenn es hieß: »Das war das letzte Mal, dass Lothar Schlabotnik lebend gesehen wurde«, und dann wurde ein umgekipptes Fahrrad gezeigt, bei dem sich das Hinterrad noch drehte. Im echten Leben war das auch simpel. Es reichte zum Beispiel völlig, wenn ich bei Gewitter in den Keller geschickt wurde, um eine Pulle Sprudel zu holen.

Und dann, 1982, kam der Film, um den's heute geht: *Poltergeist*. Ein Steven-Spielberg-Film. Regie: Tobe Hooper, der bis dahin vor allem für das sehr preisgünstige Werkzeugkasten-Kleinod *Texas Chainsaw Massacre* bekannt war. Selten hat ein Titel so gut gepasst. Zurück zu Poltergeist, der übrigens auch im Englischen so hieß, und nicht *Rumble Ghost* oder *Invisible Furniture Moving Honk* oder so.

Worum geht's?

Nun, zuerst muss man wissen, dass *Poltergeist* alle Zutaten enthält, die eine Spielberg-Produktion aus dieser Ära ausmachen:

- Amerikanischer Vorort
- Durchschnittsfamilie mit Eigenheim
- Golden Retriever
- Kinder auf BMX-Fahrrädern
- Fernseher in jedem Raum

War auch bei E. T. so. Nur haben wir es diesmal nicht mit einer sprechenden Kartoffel mit Leuchtfinger zu tun, sondern mit dem bösen Unbekannten.

Der Film beginnt damit, dass das jüngste Mitglied der Familie Freeling, die fünfjährige Carol-Anne, eines Abends anfängt, mit dem Fernseher zu reden. Der nächste Abend, das gleiche Szenario. Nur dieses Mal greift PLÖTZLICH eine bleiche Hand aus dem Fernseher. Zeitgleich saß ich in einem Kino in Dortmund und kippte kreischend einen 5-Liter-Eimer Popcorn über meinen Nebenmann. Na ja.

Ab da ist Polen offen. Am nächsten Morgen in der Küche stellen wir fest: Der frühe Vogel poltert den Wurm. Stühle stapeln sich von selbst, Carol-Ann wird unter großem »Hallo« durch die Bude gezogen, was irgendwie alle lustig finden, und der Familienhund ist auch nicht mehr der Alte. Kollege Poltergeist gibt Vollgas.

Der Herr des Hauses denkt sich dann, es wäre eine dufte Idee, sich Hilfe zu holen, aber jetzt nicht die Cops, sondern so eine Art verhuschte Ghostbusters, angeführt von einer so hutzligen wie charismatischen älteren Dame. Der ist auch schnell klar: Mit Feng Shui holst du hier nix mehr raus.

Ein Gewitter zieht auf, und der zweite Akt beginnt. Und damit der Horror, weil es jetzt im Hause Freeling aber mal komplett über Tische und Bänke geht. Alles dabei: Ein Trupp Geister in antiken Klamotten kommt die Treppe runter, der halbe Hausstand fliegt rotierend durch die Bude, das Gewitter dreht auf, ein Steak krabbelt über die Arbeitsplatte, Carol-Anne hat's mit nur fünf Jahren ins Fernsehen geschafft und der Teenagersohn macht Bekanntschaft mit der eigenen randalierenden Clown-Puppe. Danach wird er von einem Baum gefressen. Fragen Sie nicht.

Die hutzelige Dame hat allerdings den Durchblick und raunt dann auch so Sachen wie »Oh, oh, ich spüre eine überwältigende Präsenz«, sodass man immer gleich antworten möchte: »Mein Fehler. Sorry.« Später wird Carol-Anne mit einem Seil über drei Etagen aus dem Fernsehgerät … äh … ich kann Ihnen das jetzt nicht im Detail erklären. Jedenfalls ist der Film super. Es gab dann einen zweiten Teil, und ganz ehrlich: Der ist auch super!

Und was lernen wir von dem Film? Bau deine Bude nicht auf einem planierten Indianerfriedhof. Das kann doch nicht so schwer sein.

Also: *Poltergeist*. 1982. Kammanommakucken.

Bildnachweis

S. 160: mauritius images / Werner Otto
S. 161: WDR / Ralph Lueger
S. 162: Picture alliance / United Archives / Werner Otto
S. 163: akg-images / Stefan Ziese
S. 199, 203, 206, 209, 210, 240: © WDR
S. 227: Privatarchiv Torsten Sträter